選秀擷芳集

黃熾華 著

文 學 叢 刊
文史哲出版社印行

國家圖書館出版品預行編目資料

選秀擷芳集 / 黃熾華著. -- 初版 -- 臺北市：
　文史哲，民 107.10
　　頁；　公分（文學叢刊；398）
　　ISBN 978-986-314-440-3（平裝）

848.6　　　　　　　　　　　　　107017816

文　學　叢　刊　398

選　秀　擷　芳　集

著　　　者：黃　　熾　　華
出　版　者：文　史　哲　出　版　社
　　　　　　http://www.lapen.com.tw
　　　　　　e-mail：lapen@ms74.hinet.net
登記證字號：行政院新聞局版臺業字五三三七號
發　行　人：彭　　正　　雄
發　行　所：文　史　哲　出　版　社
印　刷　者：文　史　哲　出　版　社
臺北市羅斯福路一段七十二巷四號
郵政劃撥帳號：一六一八〇一七五
電話 886-2-23511028 ・ 傳真 886-2-23965656

定價新臺幣三四〇元

二〇一八年（民一〇七）十月初版

選秀擷芳，讓人不捨掩卷

　　"選秀擷芳"這樣的名字想必讀者已感到書香飄遠，撩人心脾了。俗話說，薑還是老的辣。黃老師的慧眼、文心、硬筆之下的文字必讓有幸結緣的讀者收穫滿倉。這是他大半輩子的思想精髓提煉集錦，讀到的情感仁義、才思文詞是沉甸甸的珍寶藏書。我作為一個後輩詩人，對於前輩的閱歷與力作本來沒有品頭論足的資格。但基於黃老師的厚愛與鼓勵下，且戰戰兢兢地說幾句。

　　先談談我對黃老師的印象。黃熾華老師是我很敬重的人，開朗風趣，大方仁厚且樂於助人。他曾經是一位人民教師，時刻不忘給身邊的人帶來積極向上的人生態度而不迂腐落後於時代精神。他對社會有著正確的認識並堅定自己的立場和見解。這使得他在各個領域的發揮和文學作品的表達都充滿著合理性與前瞻性。他博覽群書，善於引經據典，使章節妙趣橫生免於沉悶繁冗。在政治評論方面，我們會被他的真知灼見所折服。他為真理，為國家民族，為社群，為社會人的尊嚴而執筆吶喊。他的"政論花絮"不可錯過，如"開題攬要""過渡妙問""結尾精當"的精闢解說，我們可以看到他對待問題的眼界高度與經驗智慧。

　　讀黃老師的文章，不知不覺會忘記或忽略他的年齡，這就是作家、詩人、評論家集于一身的特別之處。當然，最重要的是作者的才華、性情、修養所成的獨特格局。他的散文和小說，是出奇的精彩。古今交錯，虛實相輔。情節構建，對白設計，在情在理又讓人出乎意料的驚喜和享受。如他的題目一樣，充滿"春之夢幻""愛雨濛濛"，尤其是"潘車與我""半山迷孃"真是讓人樂見品讀而不捨掩卷。

度母洛妃 2018.9.28

　　註：度母洛妃本名何佳霖，現居香港。任華聲晨報社副總編、華星詩談主編，(廣西)東盟創意管理學院院長、香港國際創意學會主席、香港文聯執行秘書長等職務。榮獲第十六屆國際詩人筆會「中國當代詩人傑出貢獻金獎」、香港中華文化總會「香港中華文化金紫荊獎·卓越愛情詩歌獎」等。著有多本詩集。

自 序

　　我 2003 年才離商界重操文學藝術本行，參與文學活動，在
《香港文學報》、《華夏詩報》、《上海詩人》發表並由香港作家、
銀河、中國作家出版社出版詩集、散文詩和短篇小說集。到了
2008 年亞洲金融海嘯，我又是受害者之一，憤而給報紙寫時事
評論。截至 2017 年 10 年間，在香港《大公報》、《文匯報》、《香
港商報》、《橙新聞》博客專欄和新加坡《聯合早報》發表的時
評 1,300 餘篇約 150 多萬字。並選取 2010 年之前 80 篇結集、由
亞洲出版社出版《政經論辯錄 2010》成書，但仍感各篇長了，
在今天網絡、手機流行年代誰看？故冥想用「**選秀擷芳**」為題，
將發表的、已出版的或未見報詩文、政論摘錄部分輯錄成書，
與讀者分享心得。唐·張又新《煎茶水記》曰：「擷華掇秀，多
識草木之名；激濁揚清，能辨淄澠之品。」故書名曰**《選秀擷
芳集》**。

　　詩文要求文采飛揚，時評要求準確、鮮明、生動。準確，
是月旦時事有根有據的放矢；鮮明，是立場觀點主旨明確；
生動，是文章達到準確、鮮明的闡述手段和藝術方法。毛澤東
在為新華社寫的《別了，司徒雷登》社論，就用「煢煢孑立、
形影相吊」（西晉·李密《陳情表》）形容司徒雷登在新中國即
將成立的處境；用「日薄西山，氣息奄奄，人命危淺，朝不慮

夕」(引述同上)來形容舊中國即將消亡，真勝千言萬語。據此，我每篇評論都力求引述中外古今典故、寓言、史籍、名人、成語來達到鮮明、生動；我甚至不拘一格，用散文、三字經來寫，報紙也刊了。寫了千篇，就怕千篇一律，江郎才盡，故邊寫邊讀書。例如：以「螞蟻啃骨頭」精神，精讀艱深浩瀚宋・司馬光的《資治通鑑》、清・畢沅的《續資治通鑑》和《容齋隨筆》、《菜根譚》並加眉批；西方論民主、自由、法治的古典、現代名家如盧梭、孟德斯鳩、普魯東、穆勒、亨廷頓、柯恩……甚至《聖經》等書籍，果然「下筆如有神」了。

停了投稿，我醉心潮劇。拜手機上網 YouTube 所賜，我幾乎欣賞名演員姚璇秋《掃窗會》、《井邊會》以至童星黃曉佳等的連續劇、折子戲、唱段和名旦、青衣、老生、小生、丑角的表演，或看得我涕淚漣漣、或高聲唱和甚至連唱詞都能背誦。贊賞之餘免不了要用詩話、排句予以讚歎，收錄於書後。故本書分為：詩歌選秀、散文擷芳、政論花絮、浮世述異、文藝品蘭五部分。

選篇原則：每頁一篇，字數要少，方便閱讀，有部分未經發表，如長詩《新長恨歌》、散文《潘車與我》等，公開我隱藏的戀愛觀。

目錄更改：政論文章只是摘錄，目錄一律四字，但無違原意。

女詩人度姆洛妃（何佳霖）支持並由台灣文史哲出版社出版，一併感謝！

黃 熾 華 識

選秀擷芳集

目 次

詩歌選秀 SELECTED POEMS

船　歌　BOAT SONG

揚帆去吧	Set sail, hey!
乘風把舵	Take the wind by the rudder.
朝陽正暖	Heading to the warmth of the sun,
犁一海金波	You plough a sea of golden waves.
歸去來兮	Sailing home ward bound,
夕陽西落	To chase the setting sun.
載一船銀光	The ship carries a load of silvery light
歌如酒的暮色	With songs intoxicating like wine in the twilight!

石像誡語　THE STONE STATUESPEAKING IST MIND

別藐小自己	Don't look down upon yourself.
祇要更上層樓	If only you climb one storey higher,
放眼遠眺千里	And look far ahead.

不要偶像崇拜	Don't worship the idol,
一旦在風雨倒塌	When it clasps in the storm of history,
會壓碎你的期待	It will c 'rush your expectations.
別獻上花環	Don't present any wreath
讓迷信騎劫理想	And let superstition kidnap your ideal.
勇敢摘自已桂冠	Be bold enough to claim your own laurel.

柱　頌　EULOGY TO THE COLUMN

內涵 真材實料	The substance is real stuff,
信念 勇敢承擔	To shoulder courageously is your faith.
生下就脚踏實地	You were born down-to-earth.
毋須標榜	And you support the great edifice of ideal,
托起理想大厦	Without bragging about,
高聳 美麗 壯觀	That towers being high, splendid and magnificent.

火 花 説　THE SPARK SAYS

祇羨慕我	You envy me for the brightness and brilliance
迸射璀璨和輝煌	I spread out,
知不知	Don't you know
爐裡燒 火中煉	The pain and suffering I have gone through

砧上錘擊的苦痛　In the burning in the fire and the furnace,
　　　　　　　　　And at the striking on the anvil？

浪告訴你　THE WAVE TELL SYOU

怕甚麼呢　　　　　What is to be feared？
捲走污穢陳舊　　　The dirt and the old are swept away.
送來是雄偉和壯麗　What is to replace
　　　　　　　　　Is grandeur and splendor.

春之夢幻　DREAMS IN SPRING

老幹虯枝　　　　　On the dry old twigs
有新芽吐出　　　　There shoot out some new sprouts,
正在覷覦　　　　　Peeping at the pistils with buds.
那含苞花蕊

葉之血脈賁張　　　The leaf veins are expanding,
傳達春的氣息　　　Transmitting the message of spring.
根在強壯伸延　　　The roots are extending robustly
允汲地母的漿液　　To extract milk from Mother Earth.

樹也會做夢	The wind can also dream and it dreams that
榕與柳成婚	Swallows fly in pairs.
一夜春雨	The rain drizzle down all nigh
滿城潤濕	And the whole city is all wet.

夏之諧諧曲　THE SCHERZO OF SUMMER

木瓜豐滿	The round and bulky papaw
惹嬰兒吞涎	Is so inviting that the baby swallows its saliva.
芒果滿樹亢奮	The mango trees are so excited
引路人發癲	That the passers-by all go craze.
唯楊桃少女	Only the young girl star fruit tree
低首沉默	Is quiet with bowing shy heads.
可笑未熟香蕉	How ridiculous it is that the bananas ,not yet matured,
粗魯向她	Rudely stick out,
拔起昂揚	Erect and elated.

秋天輓歌　ELEGY TO AUTUMN

群雀	Flocks of birds
在庭階覓食	Hunt for food at the courtyard,
厭人的聒噪	Chirping noisily to people's annoyance .
輓歌送走春色	They sing the elegy, bidding farewell to Autumn.
殘陽染紅山石	The setting sun tints red the rocks in distant mountains.
枯葉	The withered leaves , rustling in mourning tunes, are drifting down.
飄落哀歎蕭瑟	Quacking sporadically ,wild geese fly in formation towards the south.
雁行	A long sail vanishes on the blue skyline.
嘹唳向南飛去	The bare polar trees stand silent,
孤帆	With only a few birds roosting on the branches.
遠影在碧空消失	
老楊無言	
禿枝	
有數隻暮鴉棲息	

冬之梵音　THE CHANTING OF WINTER

見不到銀裝素裹	The snow cladding is out of sight.
分外妖嬈	Gone is the splendid scene.

看空白一片	What is seen
水死木凋	Is the stagnant water and rotten branches.
去了……遠了……	Gone…far, far away…
影子祇剩一點	The shadow dwindles into a spot,
去何處，不知道	Where it is gone, no one knows.
傳天末的梵音裊裊	There wafts in faint chanting from the sky above.

冥 王 星　THE PLUTO

冥冥注定	It was destined
排行第九	That you were arranged the ninth.
因小而除名	And you are now excluded for being too small.
怕甚麼？	What is be feared？
祇要不偏離軌道	Even if you go out of the orbit,
繼續發光	And light you continue to emit,
誰能把你遺忘？	Who would forget you at all？

（節選自《黃熾華短詩選》陳玉麟英譯本）

新長恨歌

大千世界的嫵媚與你相通
說起忠誠守節，卻無人與你相同
　　　　　——莎士比亞《十四行詩集》

一、序 曲

花兒為甚麼這樣白？
她受不了凜冽的風雪
花兒為甚麼不紅？
她躲避驟雨狂風
愛為何這樣淺？
她植根在澹薄土壤
情為何這樣朦朧？
她寫在濛濛的細雨中

二、愛雨濛濛

來到斷橋
細雨絲絲
傘內
有一雙玉臂　挽著

一顆心　提著愛
從小舟走上斷橋　說：
雨中
我們走向哪裡？

傘中
開着花
花蕊
正恣意釋放
濃郁的蜜
蜂　一路跟著
痴纏
盼望吮汲

你看那柳
腰那麼軟
看那燕
雙飛細雨
歌和柳絲
編線譜
燕子在織著
愛的音符
演奏春的旋律

舉著傘

似蒲公英
輕盈　由風的隨意
飄揚
飄到那里
天也好　地也好
在海市蜃樓棲息

走呀走　由古典
走入現代
累也累　春雲秋月
是我們的歸宿
看：
那邊有綠野仙蹤
千里鶯啼

昨天　承諾
今天　我給你
柔軟成
一條蜿蜒的蛇
一圈圈的柔索
把你纏住
箍死

一聲聲
嬌嗲的喘息

一雙梨渦
斟滿濃蜜
遞灼熱的眼光來
願給你燒死
遞盈盈的秋水來
一波波
讓你淹死

三、溶溶月光

我銜枝
妳脫羽
共築愛窠
妳抱窩
我搵食
嘴對嘴
以沫相濡

妳躺下
即見圓滿
妳側臥
又如半圓
無論仰著或側臥
床前明月
光　疑是一團
凝脂

眠床　沐了紅漆
再罩白絲
羅帳裡
胭脂似的
啖一口　爽、甜
猜一個謎吧
你說：這是荔枝
我說：　錯
那是妳的
胴體

我是莽牛
要尋紅的
莫說，落紅不是無情物
即使挨劍
也要，讓汩汩的
紅，與妳
融在一起
合唱：
朝陽　唱成彩綺
晨霧，唱成虹霓
春風，唱成情歌
玫瑰，唱成濃蜜
合成　春之歌

晨之韻
懶洋洋的夢
厭想早起　重溫
花落知多少　那場
春雨

纖娘空口地唱
我纖我纖
蚯蚓徒勞地歌
我忙我忙
唯你的呼吸
如歌的行板
E 小調　輕彈
舒佰特的 melody
承歡之後
巫山的雲　晨曦的霧
柏拉圖的風一吹
頃刻消逝

四、春夢無痕

妳是飛天嗎
愛才在濛濛的細雨
在溶溶的月光
怎麼竟飛天而去？
當離愁佈滿天空

團團的光
當即黯淡
天狼星在狡笑
月也隨即破碎
掉下成一地玻璃
割傷我的心

當妳在枕邊
我覺夜短
當妳不辭而別
我覺夜長
長長短短的繩索
捆綁相思
將愛
勒得瘦長

歡歌在春天唱
熱歌在夏天放
哀歌在秋日譜
悲歌在冬日歎
悲歡離合
妳消逝
愛啄著
我的心坎

回憶
妳是一首詩
朦朧、抽象
我是焰火
熱烈、絢爛
妳卻是冰川
冷靜、易溶
我是琥珀
透澈、永恆
你卻如　吹出的皂泡
稀薄、七彩
剎那、破裂

妳在何處
啊，藍色的天宇
最柔和
最溫馨的
那一顆星
用眼睛
一撈　卻不在心中　而在
水裡

倚窗等妳
已等成
一塊相思石

遠眺等妳
已將離隔的墻
望穿
走出去等妳
變成一隻鳥
飛向茫茫

虹彩
我認定
是妳的紗裙
飄過窗下
用手一撈
拉入房中
空白
是一朵雲

愛，哪有真的？
繽紛人世
唯聞啼泣
妳是魔影
來去如雲
苟合只在黃昏
去問曇花吧
或問天上王孫
愛是山溪水

只求漩渦美
不求留一痕
別癡
你有你的
我有我愛的愛諦
遺棄梁祝模式
不要重溫

律 詩 選 刊

臨窗即景

一

夜來聽浪語　早起聞鳴禽
春日臨風醉　秋宵對月吟

二

大嶼雲繚亂　樓台隱翠薇
雨來如潑墨　遠處聽殷雷

三

靄靄煙中樹　悠悠小葉舟
青青山簇翠　白白水中鷗

四

黃花吹滿地　秋水共天長
落日山峰靜　鴻歸背夕陽

春之愛歌

一

春姑喜叩門　春夢惹重溫
春燕雙雙舞　春情似酒醇

二

春日上遙岑　春風暖在心
春絲柔且細　春意動難禁

三

春水渺依依　春思北望迷
春花開滿樹　春果載船歸

四

春去了無痕　春容減卻春
春山看不厭　春美是黃昏

行山謁佛

崎嶇一路霧迷遮
屈曲盤旋上更斜
錦帶纏腰山窈窕
絲巾便面樹夭邪
峰迴石磊疑無地
馬蹩人疲喜有茶
隔嶺鍾聲梵響繞
祥雲飄至似蓮花

寄印尼弟妹

喪罷嚴親淚未乾
上催電訊速回還
兒時不識分離苦
老大方知團聚甜
千里關山千里繫
一番思念一番添

重陽佳節登高處
手捧朱萸仔細看

早春園庭

舍南舍北水縈隈
無價清風常作陪
喜鵲爭鳴來即去
杜鵑鬥艷謝旋開
朝觀日出騰金餅
晚望星移隱翠薇
最是白雲情繾綣
剛才飛去又飛回

晚秋吟望

忍見庭前噪暮鴉
欲留春色望成奢
遠山盡染殘陽色

近水飄零逐院花
群雁南飛天有影
孤帆北去海無涯
當年翠綠婆娑樹
搖落悽愴難發芽

賀入新宅

寶馬相迎映彩霞
金樽玉斝見豪奢
曾當勝友飄茵席
旋作階囚墮溷花
十載傷痕欣治癒
千斤鏽戟喜沉沙
蕭疏講所門常掩
一抹殘陽院裡斜

詞牌八首

憶秦娥（抗天災）

山河絕，妻兒父母傷離別。傷離別，淚飛如雨，黃河流血。天兵十萬心壯烈，紅旗指處天災滅。天災滅，汶川升起，一輪圓月。

鷓鴣天（頌子弟兵）

地裂山崩舉世驚，紅花萎折鳥哀鳴。金甌塌陷須縫補，國難臨危豈惜身？
跨險阻，子弟兵，千山萬壑壯豪情。浩歌一曲從天落，偉績豐功載汗青。

滿江紅（汶川雄起）

地動山搖，抬望眼，家園盡毀。蕭蕭雨，幾多魂斷，幾多酸

淚！汽笛長鳴傷落照，含悲草木同枯萎。下半旗，血為炎黃凝，濃於水。　　　天欲墜，敢面對。遇劫難，從無畏。救同胞哪怕、石飛雲詭。多難興邦常淬礪，補天填壑汶川美。看中華，陣痛產新兒，名雄起！

刊 2008 年 6 月《華夏詩報》頭版

浣溪沙（師生情）

一

往事如歌唱入雲，管他日午我黃昏。

忘年聚會易重溫。

雨洗雲磨心似月，汗凝血結意難分。

當時情味最香醇。

二

正喜春苗出得齊，桃花李蕊綴盈枝。

那堪狼藉雪淒迷。

歎你轉篷知汝怨，憐他飄泊惜她飛。

園丁心事有誰知？

三

灌溉牽扶費育栽，嫣紅姹紫滿園開。

狂風肆虐又重來。

無力護花花墮溷，有心撫燕燕沉埋。

錦江嗚咽水低迴！

蝶戀花（拾雹）

傷別經年人恨怕，寂寞天孫，淚雨翻盆下。關鎖千重偏觸惹，
拋釵棄玉傾平野。
萬斛明珠敲翠瓦，驚喜人間，癡漢忙爭拿。忽報星橋通鵲駕，
手中信物旋溶化。

滿江紅（咏菊）

似雪如金，迎風展，天生麗色。南山下，秋暉映臉，的的英質。
　　芍藥妖嬈常有淚，薔薇嬝娜嬌無力。歎眾芳、搖落正凋零，
難相匹。
藤附勢，吾獨逸；蕪污穢，余如拭。喜松柏作友，寒梅標格。
　　盈把陶潛甘澹泊，餐英屈子魂高潔。任霜狂，南北發幽香，
情如一。

散 文 擷 芳

潘車與我

　　潘車，代指女子愛慕的男子。《晉書·潘岳傳》載：潘岳貌美，少在洛陽時，每乘車出遊，婦人見之，皆連手縈繞，投之以果，咸表愛慕，瞬即盈車。後以「潘車」代指女人們心中的白馬王子。潮汕有湘子橋，傳說韓愈之姪韓湘子，後得道為仙，當年韓江水急，百姓苦無錢架橋；韓湘子遂泛舟江中，潮女因其美爭相投幣取悦，傾刻滿船皆錢，遂錢足造橋，可謂「湘子橋」了。潘安雖美，卻無傳說中韓湘子胸襟，但無論如何，中國古代女子向美男子投果扔錢，她們坦率開放，雖今天士女們所不及。

　　潘車與我，庶幾近矣。我是女人們傾慕對象有事實證明：

　　初中之年，我每逢暑假從汕頭回鄉，隔溪對面麗姝，她 15 歲，必佇立等我、笑着不離；17 歲讀高中下鄉農忙，我騎單車而往，彼時車拆去後尾架（市區不允單車載人），隊伍行至市郊，女同學爭着要我載她同行，就坐在我車前橫筒之上，形同擁抱；肌膚相觸，彼此心跳加速。因約載靚女者眾，我只好來回搬運，我的單車可稱「潘車」即黃包車了！

　　大學年代，二年級宿舍信箱忽見不貼郵票來信，拆開一讀，

是一位未相識女同學，自稱柬埔寨僑女，希望和我做「好朋女」，她是（四）班同學。晚飯時，我走到（四）班女同學飯桌問：「哪一位是姚淑 x 同學？」她站起來說「是我！」我說飯後在校門等待，然後就沿着林蔭小路在月色朦朧中「拍拖」並感謝她給我寫信。她要送我一條手鍊信物，我婉拒之，以後再無相約。那時我是中文系文體委員，化學系何錦 x 靚女來向我「借」鐵盒子作儲文藝匯演化妝品之用；演出畢，她還我盒子，裡面裝着餅干和一枝蝴蝶髮夾。我不問情由把餅吃完、將夾掉了。往後她見到我不語，只滿頰緋紅，我似梁山伯懊悔莫名！

來到香港，我開琴行聘女教師授琴。左近婦人們帶子女來學，彼此熟了，午飯時候，李太送來香噴噴餃子；冬天，陳太送來熱呼呼油煎餅；我閒着寫字作畫，女人們向我索求字畫；我退休了，有鄰婦送來鮑魚……我不是「潘車」麼？

淑麗含情

淑麗，是指婦人的賢淑、美麗。漢·蔡邕《檢逸賦》曰：「余心悅於淑麗，愛獨結而未並。」意謂我心中喜歡那賢淑、美麗的女人，可惜是「單相思」而不能相愛結合。是啊，中國人被封建傳統禮教束縛至緊，連多愛一個都受社會譴責。他（她）們只能默默相慕，留在心中。尤其是有夫之婦。

　　她「裙拖六幅湘江水，髻挽巫山一段雲」；她搖曳多姿，她舞姿獨步；我呢，常在她附近早操、健步，20年同在。我不算潘岳，卻也如《晉書》謂「王蒙常覽鏡自照，入市婦爭遺之帽」。可惜她矜持、含蘊，相見只深情一望，不能問答，彼此將傾慕藏在心中，因我們知道，不可能成眷屬。這就叫「淑麗」含情。

　　可是有一天早上，我正做着體操，她藉着「洗手」在我身旁走過，回來時她竟邊走邊合拍模仿我的「伸展」手勢，這是無言的交合！我走上前：「妳的舞也跳得真美！」她驚喜自我介紹，火便燃燒起來……可是過後，想起自己都有相濡以沫的一半在身邊，便都冷卻下來，成為「互不相識」的陌路之人。這就是含蓄、忍受，韓愈《戲題牡丹》詩曰：「凌晨併作新妝面，對客偏含不語情。」遺憾！無奈！失落！

狂花爭春

　　狂花，指不依時序而開的花。白居易《早冬》詩謂：「老柘葉黃如嫩樹，寒櫻枝白是花狂。」喻的是人老珠黃偏要在冬天綻放，過時矣。然而狂花爭春，多少是老處女或嫠婦，可以同情，不可入陷。

　　2010年，文友林先生在深圳設宴慶祝七十大壽，赴會多有文人雅士畫家、詩人。席終人散，當大家步出會場，全國著名女詩

人劉某某追出來在眾目睽睽之下抱住我、狂吻我的面頰大呼：「我愛您，Man 死我了！Man 死我了！」我知她未婚，更讀她豪放、粗獷的新疆邊塞詩和情愛天馬行空詩，理解她，寬容她，也支持她、愛她，但到此為止。

2016 年夏天，女兒邀我到文萊旅行。旁晚，車停一間酒店小路大家步行去大堂晚飯。飯畢，旅友們陸續步出酒店時卻下起雨來。我沒帶傘，女兒也未出來怎辦？此時女團友鄭女挺起小雨傘呼我：

「過來，我遮你。」我走去她身旁，傘小，只遮一半。她又下令：

「攬住我！」我若即若離回顧與她同行後面的男人問：

「和妳同來的後面男人是誰？」

「是我哥哥。唔使（甭）驚，攬緊些！」我緊抱她的肉肩在小傘下雨巷跚跚。　我猜，她是未嫁老處女吧！

委婉拒愛

時至今日，舊愛難忘！雖然彼此已婚並開枝散葉，但當年之戀，永誌難忘；一旦相見，又火星迸濺；或明知都各自成家，只好以詩自慰自熄！

我　是……

我是甚麼
你是誰？
哦
我是陽光你是水

你想甚麼
不須問
我記得否
不必追

默念　深藏
相知　投契
看交交黃鳥
都是冥想和安慰

紅豆
種在心中
一見發芽
因有陽光和清水

素　潭

不
不要了
湖水已平
素潭已秋
能映妳的倩影
夫復何求

不
不要了
堅冰已結
潤已斷流
不要投石
因泛不起波濤

海韻詩情

選自《海韵夢痕》

　　入夜我諦聽海韵：是大提琴麼？渾厚、低沉。不，這如歌的行板，一波波，將坎坷撫平；再聽，那是小夜曲，寬抒、均勻。奏出的柔音，一縷縷，麻醉你神經；又是搖籃曲，鼓盪、輕輕，磁性的詠歎，一聲聲，催夢入眠。

　　是老伴的夢囈，思婦春搗？不，分明是萬壑松濤，怎麼又太古寂寥？忽聱鼓動地而來，蹄急人吼。糟了，聽刀槍齊鳴，城廓已被包抄！驚醒坐起，推窗細考：啊，浪已接天，是夢中聞潮。

　　於是我白天上一層樓閣，勾起詩興；看流水浩蕩，奔來詩情；聽海鳥高歌，聲聲愉悅；望白雲舒卷，人已騎鯨。此刻清風鼓袖，握雲拿霧，見雪堆千頃，思接青冥。

　　於是我問滄海：有精衛銜木飛來，要把你填滿，你是否有他的胸懷？有魏武東臨碣石，胸鼓洪波志壯日月，你有沒有此氣魄？有李白捧你鯨飲，一日千斛一散千金，你有沒有他的胸襟？有潤芝歎你白浪滔天，往事千年萬年，問你知不知換了人間？東海西海南海北海，重重複複洶湧澎湃，在英雄眼中，你僅是濁酒一杯。

　　因此，觀滄海之遼濶，知甚麼是狹隘；驚浪濤之奔騰，知志短之懈怠；看潮汐之起落，知致遠須寧靜；歎汪洋之無垠，知須臾是塵芥！

餘韻四散

　　浪奔浪流，寄居是這樣：早巨鯨，晚浮漚；潮來潮去，歷史是這般：來描繪，來詮註。由是我們歎英雄無數，不及漁樵江渚；看唐宗宋祖，名煙如縷；而始作俑者，又有幾多感悟！當你感受潮汐的吐納起伏，能調動風雷，其癲狂無定，形急勢危，問風流人物，何事生非？

　　可笑是，有人對大海說：經歷了坎坷，忍受了顛簸，渡過了激流，跳出了漩渦，我似不似江河、湖泊，具不具海的性格？海聽了哈哈大笑：笑得開懷，笑得歡樂；也笑得神祕，笑聲是那麼粗豪、壯濶！

　　於是你聽風的長呼，潮汐低訴，濤聲的詠歎，浮漚囁嚅，一眾都在感慨唏噓；於是你看三二帆影，數點鷗鷺，一抹斜陽，幾縷雲霧，你便會感歎此生，原來是輕煙遠渚！

　　我便譜寫餘韵四散：遠處山連迤，綠水無窮碧。孤帆一片滑琉璃，白鷺掠波雙飛起，滄浪聞船笛。放眼一天秋，輕風吹水皺。看天陰晴月圓缺，看船順流也逆流，倚欄獨把酒。莫理噪暮鴉，有情將詩寫。日出滿海醉流霞，月落烏啼夢仙槎，輕舟人去也。海面閃銀珠，長天張翠幕。早觀閒雲任卷舒，晚送夕陽挂暮樹，老鷗相耳語。

禪思捨得

　　坐，木木的相，寬寬的容。對，鬱鬱的柏，髯髯的榕。聽，浩浩的浪，呼呼的風。望，飄飄的雲，杳杳的鴻。想，清清的水，淡淡的空。

　　因為靜，我聽見落髮，不是已立地成佛。人道是，自然規律。可是當秋近，有一根髮絲掉下，我為何聽見，無邊蕭蕭的落木？

　　原來我心的階石，雖長年拂掃，卻塵埃不淨；雖讀經史，也只當竹影。人心有亮點，忽明忽暗，不能永恒，也因俯仰日月，僅在波塘。我腰背佝僂，不知背着何物？原來不是寶石，更非珍珠。我背的皆是：可笑的痴夢，耿耿的情緒，勝負的況味，吃過的酸楚。一生一世，就這樣，背一包廢物，未能放下，所得也苦！

　　我終於御下：一人　一椅　一壺；一閒　一逸　一書；一字一頁　一得；一鬆　一放　一舒；一艇　一蓑　一釣；一風　一雨　一圖；一鳥　一鳴　一喜；一山　一水　一娛；一禪　一偈一得；一神　一仙　一無

九寨秋色

　　誰說阿壩並不突出？阿壩峰頂藍天，隆突胸肌，一身奇崛！誰說阿壩外表平凡？阿壩大刀濶斧膽大包天，日吞太陽夜吐月亮。誰說阿壩此生平庸？阿壩冬裏銀素春披彩虹，夏日濃艷秋來火紅。誰說阿壩冷漠孤單？阿壩叫岷江涪水，痴纏得左顧右盼，勃發激昂。誰說阿壩身世傖凉？黃龍寶奩九寨琳琅。你攬取流翠，我拾回金黃。

　　才進入阿壩，青綠，便撞開車門，排闥向你潑灑；酡色，勾引你頻頻回眸，奪魂搶魄難分難捨；那嫣紅也來爭寵，挽髻散髮，晴雯似地嬌臥枝椏；不動聲色的古銅，矜持在峭壁山岩，經典她的風雅。最是稱皇的火紅，從星星點點，到燎原所之，燒，縱情燃燒，奔放熱烈，漫山叱咤。而白雪，向訪友獻上潔白哈達。這如幻如夢之境，連雲接天；這絢麗耀眼的華彩，向長空鋪搭綿延。九寨秋色，叫江淹才盡，謫仙扼惋，畢加索斂手，都無能一詩一畫將它涂抹！

　　行到諾日朗瀑布，所有的歌：歡歌、悲歌、頌歌、讚歌，都在這裡高唱；所有的曲：交響曲、悲愴曲、安魂曲、協奏曲，都付予這急管繁弦；所有的騷：磊塊、骨梗、阻滯、困擾，都一下子激昂奔吐；所有的嬲：低回、曲折、平凡、平淡，都一齊轟鳴

跌宕。來吧，手拉手，同方向；奏黃鍾大呂，擂戰鼓步鼓，敲鑼打鈸，滙長江，向大洋。諾日朗瀑布，無須尼加拉瓜的雄偉誇張，敢於捨身，永遠是浩蕩、輝煌！

雨點雅頌

　　像步鼓敲着節奏，如沙槌時驟時疏。落下千萬條優美線譜，叮叮咚咚是琴上音符；如小絃切切私語，伴春風和唱相呼。給荷葉，撒下珍珠；為枯草，飲杯油酥；幫樹木，洗滌塵垢；牽小溪，走上征途；等天明，滿城花笑；看江天，山色有無。

　　我讚美雨點，淅淅瀝瀝滴在葉上，快成為珍珠，卻害怕風搖，擔心日出。我說：你潤物無聲，肯融入江湖，化作海魂，便能令乾坤浮起，波撼城都。你答：我懂：要改變平凡，別無出路，只須涅槃；涅槃亦不必篝火，就勇敢向前。手拉手匯集，向萬丈深谷縱身一瀉，化成瀑布，着地就雷霆萬鈞，騰雲藍天，奔向大海，便是強大、輝煌！

胡楊禮讚

　　少年時讀《白楊禮讚》，讚美白楊樹，稱他是北方偉丈夫，是一排排忠直、向上的戰士；中年時我愛樹，為樹寫《樹之歌》。

　　你是樹嗎？是，你是樹。花之嬌嗲，葉之濃密，是你的本身嗎？不，它僅是一種標記。歷史的風，命運的雨，一劫的火，輪迴的雪，花葉都搖擺、哭泣、凋零、離棄。而你，赤裸裸面對，巍巍然卓立：身枯心綠，頑強抗擊，根深蒂固，抓緊大地。管他成不成林，是原野上的燈塔；理人有何恩雨，是烈日下一把傘；管他死去名份高低，願化作烏金，將光和熱，獻給後世。這就是樹的本身—真正的戰士，大自然的旗幟！

　　老年我來到新疆沙漠，該禮讚的應是胡楊！胡楊啊胡楊，吃的是沙礫，喝的是西北風；烈日煎熬，凜霜迎雪。活下去，爭生存；謀發展，戰天鬥地。世上最窮，毫無愁容。瘦，那是鋼筋鐵骨；硬，基因全都堅毅。甚麼柳之靈活，柏之長青，百年古松，木棉英雄死了如斯夫；那些珍珠銅臭，溫柔夢鄉，豐功偉績，黃粱美夢，倒下了，就死，埋下了，即腐，化了皆空。而胡楊你：千年活得精彩，紅綠裝點沙漠；死了千年不腐，靈魂昇華太空；千年美名不朽，見者頂禮隆重！啊，來到你面前，懦者勇，愚者明，偉者羞，名份空，怎能不對你禮讚歌頌！

詩人偶遇

作者按：以下各篇，除了括弧內是我加串之字，其他詞句，都是名家們的詩篇和小說之名，只用標點間隔之。

　　雪萊（Perrcy Bysshe Shelley）（因）無常、戰爭，招致苦難（作）魔鬼的散步。（譜）愛爾蘭之歌，給索菲婭、給華滋華斯、給雲雀、給──給英國人民的歌。雪萊（唱）自由頌、致愛爾蘭（和）西風頌：要是冬天已經來了／西風啊／春日怎會遙遠！

　　（遇上）帕斯（Octavio Paz），兩個身體，白的手套，繪有日與月的十字架。詩人的作品，持久、在門口，風景互補：神聖的無花果、金色的蓮花。遙遠的客人：昨夜一株白楊／本來打算說／卻沒開口。幽靈（說）：如果人是塵土／那些行經平原的／即是人。

泰戈爾情詩

　　泰戈爾（Robindranath Tagore）戀愛之歌，情債、摯愛、歌的熱情。你知道，她在甜美的愛慕裡。處子的心，隱蔽，高傲的美人，繫一根心絃，投入我目光的網罟。

　　睡美人圖：玉臂、豐乳、嫣笑、芳軀，吻……你不飲我心杯的瓊漿？愛的膩蟲，高傲的美人，愛就這麼簡單。帶走我的心，歌神聽見她的鐲音。團圓之時，兩姊妹，青春的夢幻，心之朱木那河，你知不知道？為甚麼？愛侶，不結果的希望。

名家聚首

　　契訶夫（Chekhow），文學教師，（送）新娘，脖子上的安娜，萬卡。公爵夫人，苦惱，（駐）第六病室，睏，（成了）帶哈巴狗的女人、套中人；而莫泊桑（Maupassant）（送）項鍊、羊脂球（代表）他的一生。卡夫卡（Franz Kafka）飢餓藝術家，十一個兒子，鐵桶騎士，（住）頂樓層樓座。（碰上）珍妮·奧斯汀（Jane Austen）傲慢與偏見，（不知）丹·布朗（Dan Brown）達芬奇密碼，（而成）伏爾泰（Voltaire）天真漢、老實人。（難辨）司湯達（Stendhal）紅與黑，（偷）巴爾扎克（Honoré de Balzac）不可知的傑作，（是）禁治產，幻滅！

　　這伏爾泰如此世界，巴爾扎克人間喜劇：判決，在法律面前（被）陀思妥耶夫斯基罪與罰。

維納斯和眞眞

　　維納斯（Wenus）是羅馬神話中愛和美的女神，即希臘神話之阿佛洛狄忒（Aprodité），有關她的戀愛傳說很多，並成為歐洲文藝作品常用的題材。法國著名作家柯里梅（Prosper Mérimée 1803—1870）就由此寫了一篇離奇曲折小說《伊勒的維納斯》，令你感受構思的巧妙和維納斯之美。

　　維納斯是一座銅像，在作者筆下她復活了。她上牀，奪取了新郎，使活着的新娘不能獲得真愛。新郎的死成為懸案，回味無窮。總結本書的特色：一，着重寫維納斯的手、眼，恰如活着；二，新郎伊勒有感於比自己新娘子美，無意將結婚戒指帶上維納斯指上但脫不出，這是「定情」嗎？誰惹上愛神就離不開悔不得？三，有好事者石擊維納斯反彈受傷，這不是活的銅像麼？四，新郎既以戒指定情，洞房就不能移情別戀，懷疑是夢而花心，終被維納斯銅像壓死（實是興奮過度心臟病發），情節離奇之至，構思巧妙之極！

　　然則中國式的維納斯比柯里梅要早一千年。請讀《中國誌怪大觀》不就有畫中美女走下來與孤身男子成親嗎？唐·于逖《畫工》寫道：進士趙顏，於畫工處得一軟障，圖一婦人甚麗。顏謂畫工曰：「世無其人也，如何令生，某願納為妻。」畫工曰：「余神畫也，此亦有名曰真真。呼其名百日，晝夜不歇，即必應之。

應則以百家彩灰酒灌之，必活。」顏如其言，遂呼之百日，晝夜不止，乃應「諾。」急以百家彩灰酒灌之，遂活。下步，言笑飲食如常。日：「謝君召妾，妾願事箕帚。」終歲生一子……

　　畫中美婦真真，具中國女子的矜持、專一，不似銅像維納斯的花拂、隨意。你追真真，呼名百日她才應你一聲，這還不夠；以百家酒飲之，她才能活，表明她願意活在百姓之中，誠為純樸。經如此考驗，才從畫中走下來，表示願嫁趙顏，並生一子。趙顏見兒怪異反悔，真真嘔酒攜兒回入畫中，比維納斯為虛幻、放蕩、輕佻奪愛具歐女開放、大瞻和浪漫而畫中人更合符真實、慎重、和細心，更貼近生活、貼切群眾和貼近實際。同以美人銅像和美人畫像作題材，各有千秋。維納斯洋洋萬言，真真三二百字，真驚歎一鋪排得好，一濃縮得妙了！

倡人　伎藝　才女

　　才女、伎藝、倡人，按等級分，當是才女最為高尚、亮麗，可以堂而煌之公開上榜。近日微信列上榜古代 8 才女依次是東晉・謝道韞、西漢・班婕妤、卓文君、東漢・蔡文姬、後蜀・花蕊夫人、唐・上官婉兒、宋・李清照、明・黃娥等。

　　伎藝即能歌善舞和耍雜技藝人，晉代就有。魏・曹操在《遺

令》寫道:「吾婢妾與伎人皆勤苦,使著銅雀台,善待之」。可見伎人地位之低下只供人玩樂。其實,伎即妓,倡即娼。南朝陳‧徐陵詩曰:「倡人歌吹罷,對坐攬紅顏」,就足以證明。

古代中國倡女與當代娼女大有分別:當代娼女分兩類:一類為高級娼女,被高官玩樂,如周永康的央視女主播、著名歌星,都有一定「伎能」;一類是市井只為賣肉換錢娼女,十分低賤,不堪述論。

然則古時倡女,其實都是才貌雙全靚女,她們墜入烟花之地,一因父兄落魄被權勢脅迫;二仍決心在接待嫖客之中找到真正愛情。她們身在章台,卻仍然是「高尚」的。清‧杜濬詩謂:「積雪泥深一尺餘,倡婦挾瑟乘肩輿」。凡人行路,倡婦坐轎。

晉‧石崇的愛妾綠珠就是愛情專一的美妓。《晉書‧石崇傳》載:「時趙王倫專權,崇甥歐陽建與倫有隙。崇有妓曰綠珠,美而艷,善吹笛。孫秀使人求之……」。倫為孫秀逼奪之,綠珠墜樓以示堅貞。「綠珠樓」便是紀念她而命名。

唐代薛濤,曾是樂妓,居唐四大女詩人首席。安史之亂時遷居成都,父死、家貧,16 歲淪為樂妓。她美艷而富詩才,芳華遠播,連劉禹錫、白居易、杜牧、張籍、張祜等名詩人都曾和她交友、唱和。元稹入京後曾「追求」薛濤,說甚麼「別後相思隔煙水,蒲昌花發五雲高」,但卻始亂終棄,薛濤身心受到傷害而終身不嫁。薛濤有詩《錦江集》五百首,多已失傳;她住過的錦江畔有「薛濤井」,井水曰「玉女津」,詩箋曰「薛濤箋」,可見大家懷念她感情之深。

　　宋代富足繁榮，妓女才女也多。有蘇軾與妓女琴操故事：琴操通佛書，解言辭，蘇軾很喜歡她。在西湖說：「我作長老，汝試參禪」。又問：「何謂湖中景」？對曰：「落霞與孤鶩齊飛，秋水共長天一色」。「何謂景中人」？對曰：「裙拖六幅湘江水，髻挽巫山一段雲」。「何謂意中人」？「隨他楊學士，鱉殺鮑參軍」。可知琴操雖為妓女，卻滿腹詩書。豈若今時娼妓，光賣肉、色，全被錢銀燠臭。

美麗天使

　　香港當然也有靈魂美麗、行為崇高的青年。日前僅 31 歲的何嘉敏，車禍身亡捐出器官救了 6 個「陌生」人，報刊冠以「美麗天使」實不為過。如果有人說是「個別」，則 03 年「沙士」猖獗之時，不少青年醫護工作者為了港人的安全，奮不顧身地與病菌作鬥爭而長眠在香港的「浩園」更是佳例。當年筆者曾賦《采桑子‧彩蝶花魂》詩悼念謝婉雯醫生：

　　明知有虎，無畏無私便上路。香港女兒，彩蝶花魂千闋詩。
　　凱歌高奏，思念情懷濃似酒。淚灑長空，滴滴昇華化彩虹。

　　她們「死了」，但仍然活着，活在我們的心中；但如果說活着者傑出「難尋覓」，則香港從上世紀 1970 年至今，評選出的傑

出青年就出類拔萃。遺憾的是某些傳媒如逐臭蒼蠅專採訪、張揚臭不可聞的壞人壞事，對好人好事卻傷風鼻塞不聞不問。

　　由此又想起去年 7 月一件事，杭州濱江區白金海岸小區兩歲女孩妞妞突從 10 樓墜下，路經的 31 歲「八十後」年輕媽媽吳菊萍奮不顧身跑上去用雙手接住女孩。孩子生命保住了，吳菊萍左手卻多處粉碎性骨折。她英勇的行為，社會已廣泛傳頌，媒體和網友們稱她為「最美媽媽」，騰訊微博讚譽一時間多達 62428 條。「早教赤子」網友讚道：「母愛不分對象，就像陽光一樣博愛所有的孩子。十樓的高度驗證了母愛的溫度、深度和廣度」！香港「美麗天使」和杭州「最美媽媽」都才 31 歲，屬「八十後」，則可見「八十後」是閃亮的年齡。

　　可是，當香港的何嘉敏和杭州的吳菊萍灑遍人間都是愛使大家沉醉在溫靄、和諧、崇高的昇華氣氛和尋找到現代社會真正價值的座標時，香港有一些「八十後」青年，卻尋錯自己人生價值的座標：瞓街阻路、粗言叫罵、放紙飛機、拋垃圾、挑戰法律底線，給香港法治之都美譽塗抹污穢。同是女人，損毀公物被判罰；某人好青年不做，卻去撞擊執法警員被判 160 小時社會服務令；一位少婦好媽媽不做，帶稚齡孩子到違法亂紀的場所接受毒害……同樣是「八十後」，何嘉敏和吳菊萍表現的是人性的真、善、美；但有人表現的是假、惡、醜；何嘉敏、吳菊萍帶給香港人和杭州人是正面、溫馨、崇高；香港有人帶給港人是反面、暴戾和猥褻。何嘉敏、吳菊萍使城市高尚了、美麗了、驕傲了；而違法、暴力、圍攻卻讓香港變得卑微了、醜陋了、沉淪了。同是

「八十後」的人，價值觀不同，帶給現代都市有美善和醜惡的不同效果。這真是：「生在淮北則為橘，生於淮南則為枳」了。

香港的何嘉敏、謝婉雯和杭州吳菊萍是真正的民主、自由的英雌。一個社會的物質財富固然重要，但精神財富卻是一座城市的靈魂。讓「美麗天使」和「最美媽媽」給我們擁抱到愛和溫馨，並彰顯一座城市的美好價值觀吧。

乍暖轉寒

昨天是 23 度，但星期五市區驟降至 12 度，新界北部地區還要低 1－2 度。這是香港今年入冬以來最冷天氣。乍暖轉寒時節，最將難息。所謂「難息」，是指很多人難以適應，容易受凍生病，故港人應及時做好禦寒准備，善保珍攝，這是關係到大家身體健康的事，是上自政府，下至各慈善機構和大家，咸表愛心的時候，相信嚴冬不足懼，處處有春天。

首先要照顧的是年幼和長者。年幼兒童，天氣驟變，容易傷風感冒。兒科醫生指：由於氣候乾燥寒冷，兒童會出現氣管敏感，如氣促、咳嗽。故提醒家長應替孩子保暖，一發現患氣管毛病，應及時吃藥，減少室外和空曠地方活動。特別是上學路上，校服不能單薄，校褸必須穿上，口罩也應備戴。兒童是社會的未來，也是不禁摧殘的花朵，師長宜關切愛護。

俗話又說，「家有一老，如有一寶」。老人家曾為家庭、社會

作出貢獻；有他們的昨天才有我們的今天；而我們的今日因月換星移，也會有老邁的時候。老了體衰乃是視律，故關懷長者也是社會和兒女應盡的責任。長者身體再「好」，每個器官也會有不同程度衰退，容易一損俱損的「骨牌」效應。長者一患上傷風感冒，呼吸道受到感染，將會併發成肺炎。醫生說，情況嚴重者，肺功能受損，最終影響心臟，誘發冠心病和心臟衰竭等。老、幼佔港人的兩頭，一是我們的希望，一是我們的長者，都有賴於做父母、子女的盡愛心和孝心去貼心關愛們，別人代替不了。

天寒地凍，市面火焗及酒吧生意也見紅火，青、壯年會共飲一杯溫身禦寒，正所謂「綠蟻新醅酒，紅泥小火爐。晚來天欲雪，能飲一杯無」（白居易《問劉十九》詩）！但資料顯示，由於青、壯年平日食物卡路里很高，早已脂肪偏多，血肪變濃，血糖偏高，故冷天飲酒宜有節制，切不可狂飲濫喝，以免「三杯兩盞淡酒，怎敵它、晚來風急」而樂極生悲，傷身影響明天工作，甚至摧殘自己作為社會、家庭支柱。北風如刀，細雨似箭，青、壯年更不可逞強，一樣要注意保暖，抵禦今次寒流。

社會福到署已預備過千張毛毯，在寒冷天分發給有需要人士，特別是弱勢社群和露宿者。署長表示：每當天寒，社署都動員社工、義工和地區團體探訪體弱和獨居長者，提醒他們及時做禦寒措施，並提供適當禦寒衣物。秋瑾《寄家書》詩曰：「冬來宜善保，珍攝晚涼初」。尋尋覓覓、冷冷清清的境況，在充滿愛心的香港，應可以被熱熱烘烘、暖暖融融的互相關愛代替。讓我

們都不分彼此地互表暖心、暖意，互送暖語、暖情甚至暖衣、暖被，在噓寒問暖中抗拒寒冬吧！

朋友境界

刊於 2013/8/19《大公報》「大公園」

　　朋友的最高境界是甚麼？俗話有「朋友之交澹如水」，那只是從利害關係來規勸交友的原則，勸大家不宜以財利相交，因那樣會財盡而交疏，利盡而義盡反目成仇而生怨懟。這不是朋友，而是「朋黨」。故《周易》曰：「二人同心，其利斷金；同心之言，其臭如蘭」。以心交友，會像蘭花那樣美麗芬芳。

　　朋友的最高境界，應是《白虎通》提出的由淺而深、由低至高的四項標準：「朋友之道有四：近則正之，遠則稱之，樂則思之，患則死之」。

　　近則正之，就是朋友在一起面對面的時候，你應當面糾正你朋友的缺失和錯誤，使其及時得到端正和補救。這樣做小則有助朋友走正道、固名聲；大則有補於為政者明是非、匡家國。歷史上最著名的「近則正之」的人是魏徵，他作為諫議大夫，就無時無刻對唐太宗的為政、言行、生活提出批評和建議，使唐太宗能夠及時改正錯誤，歷史上的「貞觀之治」與唐太宗、魏徵既是君臣，又是諍友大有關係。魏徵死，太宗哀傷曰：「以人為鏡，可

以知得失。魏徵歿，朕失一鏡矣」！

　　遠則稱之，就是當朋友分開遠隔天涯的時候，你要時常記住和稱頌朋友給你的恩德和愛護。這樣，既能弘揚朋友的恩義，惦念他、學習他、頌揚他，鞏固因分開闊別的友誼，也可表現了你的高尚情操和待友的真情。「海內存知己，天涯若比鄰」，「我寄愁心與明月，隨君直到夜廊西」，「洛陽親友如相問，一片冰心在玉壺」，「但願人長久，千里共嬋娟」。唐宋多少離別互相思念真摯友情寫下的名句詩篇，為我們樹立了遠則稱之的典範。遺憾的是今人卻不同：當面不說，背後亂說；近則是人，遠則如鬼。這是假朋友，壞朋友，應快快遠離之。

　　樂則思之，這個準則將交友提至另一個高境界。當你富了貴了，福了樂了，你忘了你仍在受苦受難的朋友了嗎？你因此而思念過他沒有？語謂有人只可共患難不能同安樂，你是這類人嗎？《初學記》「交友二」引《風土記》曰：「越（指南方人）俗性率樸，初與人交有禮，封土壇，祭以雞犬，祝曰：卿雖乘車我戴笠，後日相逢下車揖。我步行，卿乘馬，後日相逢卿當下」。樸實地表現了交友不論地位變化始終如一。古代花木蘭是「樂則思之」的典範：她女扮男裝，代父從軍，立了戰功。當「賞賜百千強」、「可汗問所慾」快樂時刻，木蘭想的是鄉下的父母、姊弟、一起成長的朋友，只要求「送兒回故鄉」。這不是崇高的典範嗎？

　　患則死之，這是交友的最高境界。朋友患難，為他赴湯蹈火死而無怨。有嗎？有的。《韓詩外傳》曰：「昔鮑叔牙有疾，管仲為之不食不內（納）不漿，寧戚患之」。故管仲曰：「生我者父母，

知我者鮑子，士為知己者死，馬為知己者良。鮑子死，天下莫吾知」！《漢書》記載：陳餘年少，父事張耳，相與為刎頸之交。這都是患則死之的佳例。今人有嗎？讓知者來續此文吧。

　　交友四境界，能做到近則正之、遠則稱之已是真朋友了。願大家按此四台階步上交友最崇高境界。當然，還要分是良是娼，是忠是奸，是人是賊來互幫前進。

愛的伊甸

　　孩子們，板滯的目光，是兩把鎖，鎖緊我的心，再也不敢去做安逸的夢；是一把鋤，掘醒了，我生的木然。貧脊邊陲的孩子，焦渴等的，祇是一碗清水，我們又怎能，喝茅台、吞下這珍饈的筵宴？灼熱的企盼熔化了我，心，化作催春布穀，飛到孩子身旁，為他們歌唱，唱出暖和，唱得小樹伸臂，山花吐艷。五十六個民族的孩子，都沐浴在愛的春天，愛的伊甸。

　　啊，孩子們卻說：不要那，五顏六色眩目易破的皂泡，讓我們捉了個空。要送上，止饑解渴的奶茶，讓唇濕潤，乾旱的土地，種子發芽。不要說引來東江水和天上銀河的神話，使我們惶惑；雨露點滴灑下，嫩苗就會開花。

　　啊我知了，肯付出，便都是愛。情，裝滿書包，即便 100 元，也是春風，綠了幼苗，紅了花朵，壯了棟材。眼睛的星星閃爍了，

笑聲的小溪流響了，信心的小鳥飛出了，飛向廣濶的天外。

　　看，紅領巾拋起，化一片彩虹……

政論花絮

開題攬要

　　政論文章開頭，既要承上起下，以示歷史銜接；又要氣勢非凡，總領全文，更必須形象生動，引人入勝。請讀《「後政改」考政黨互動智慧》（刊 2010/7/10《大公報》評論版）開頭和過渡兩段：

　　　　政改方案通過了，社民連的鼓噪、辱罵、狙擊只表現其「無可奈何花落去」的焦躁和失落。政改爭論的潮水暫時遠去，歸於沉寂。然政治潮汐會按周期、規律捲土重來且聲勢浩大，各政黨宜趁退潮之機，修補船帆，編織魚網，察看風向，以便迎接新潮到來，揚帆出海，撈捕更多的政治漁獲。一句話，在「後政改」階段，正考驗香港政黨的互動政治智慧。

　　　　首先，合則雙贏　分會共輸。這是對建制派和民主黨說的。

　　　　昔諸葛亮在《隆中對》中向劉備獻策：聯吳抗曹。果然赤壁之戰一役，曹操險被關羽生擒。今香港政治板塊，正和「三國」相似：以愛國愛港的民建聯為核心一派稱「建制派」，以溫和、

和平的民主黨為核心的普選聯稱「平和派」〈何俊仁謂民主黨不是溫和而是平和〉，以反中亂港為目的、行暴力、對抗的「公社黨」稱「激進派」或暴力派。政改方案得以通過，是建、平兩派聯合的結果已不容置疑，由此得出一個結論：建、平合則雙贏，分會共輸。

過渡妙問

　　文章的設問或反問要精妙，尤其是對文化人、自詡「藍血」的大律師、大法官。為此，我在《法官‧法律‧主人》（刊 2014/8/20《香港商報》評論版）在開頭和過渡段反問道：

　　近日，前終審法院首席大法官說，「法官沒有任何主人，只有對法律本身的忠誠」，又說：「愛國并沒有舉世公認的定義」，提出「我們只看到法官的立場和愛好，並不看到愛國」，故他認為把法官納入治港者是「最大的不幸」。「法官只有法律沒有主人」這話看似「格言」，但細辨之下幼稚且自相矛盾。

　　作為大法官不知法律是從何而來的。法律是從天上掉下來的嗎？是法官與生俱來像賈寶玉攜在脖子上專有的「靈通寶鑑」嗎？都不是。法律，例如憲法法律和普通法律，是由國家制訂出來的。就中國憲法而言，它由國家最高權力機關人大常委會制訂，規定了國家的社會制度、國家機構和公民的權利、義務等，並由國家強制保障其實施和規範。身為香港特別行政區並宣誓要

擁護基本法的首席大法官，卻不知國家憲法和基本法的主人，豈非天大的笑話！

結尾精當

　　文章結尾，或下結論、或引發深思、或首尾呼應，都不可以弱勢示人，更不能狗尾續貂。請讀我幾篇政論的結尾：

　　香港「後政改」的政治板塊已因反對派的龜裂而呈現不同形勢，聰明的政治家會在歷史的拐點「臨門一腳」促進舊制度的滅亡和新制度的產生，故曰「時勢造英雄」。香港有謀略有智慧的政治家正好大展拳腳，在抗擊暴戾、非理性的鬥爭中，在實現香港「一國兩制」的成功、推進香港民主政治向前的舞台上演出青史留名的活劇吧！

　　　　見 2011/7/10《大公報》《「後政改」考政黨互動智慧》

　　《管子‧明法解》曰：「大捨公法，而行私惠，則是利奸邪而長暴亂也」。民主黨宜記住管子這一條原則，只有護公法不行私惠，奸邪才無法施其伎，暴亂才抑於萌芽之中……。

　　民主黨若稍為愚鈍，又被綁上暴力、不理性、朋黨比周的戰車，成為「公社黨」的僕從，以往的努力便全是白費。「以為賢愚不相為謀，故自割絕，守勞而已，不圖自屈也」〈引《三國志‧蜀志‧杜微傳》〉。民主黨與「公社黨」割斷，這是改造、

涅槃所必須。

　　　　　見 2010/7/2《大公報》評論版《民主黨宜與公社黨割斷》

　　在慶回歸的「七一」日子，喜廣大市民，經一番風，一番雨，能洗淨心中塵泥；幾朝冷，幾朝熱，可煉我愛國愛港雅操。觀社民連的爭鬥，似蠅附膻，如蟻競血；是非蜂起，得失猬興，豈不喪盡天良，遺臭於世？嗚呼！爾曹身敗名俱裂，不廢江河萬古流。正義必勝，不義自斃！

　　　　　見 2010/7/2《香港商報》論壇版《慶回歸雙喜臨門》

　　民主黨的有識之士，在十字路口，須「冷眼觀人，冷耳聽語，冷靜當感，冷心思理」；更要「風斜雨急處立定腳跟；路危徑險處要回頭得早」（引文自名著《菜根譚》）。俗話說：「高一步立身，退一步處世」。又云：「當方則方，可圓則圓」。民主黨宜有理有利有節表現自己的理性和政治智慧，明白「妥協是民主的核心」的道理。更要記住中央主導香港政制乃是對香港特別行政區行使主權的體現，冷靜地、全面衡量對行將表決的政改方案投贊成票。

　　物莫大於天地日月，人莫阻四季運行。須知即使政改再被否決，泛民主派又能得到甚麼？香港照樣運行，中國更快前進。正是：唐虞揖遜三杯酒，湯武徵誅一局棋。民主黨以區區 700 人甚或「挾 10 萬之眾」能阻得香港回歸祖國並與中華民族的偉大復興融合的潮流麼？是不能也！

　　　　　見 2010/6/17《大公報》評論版《民主黨要勇闖十字路口》

引喻得義

評論文章必須生動，否則有如瘟三，面目可憎。引喻可以將抽象説理變得生活起來。試引兩段：

「民主豬流感」與上世紀在美國流行的「民主狂犬病」相似，其共同特點是被鼓吹「無限民主」、「自由至上」、「為所欲為」不理國家、民族和大眾和諧安定的帶毒「豬」道士「犬」政客咬中。香港的此類政客早已在公眾場合、立法議會以「癲狗」自稱對政府官員、不同政見者抬棺、燒胎、拍檯、辱罵、搶咪、掟蕉等做出「榜樣」；更有披着「大律師」外衣的黨魁散佈「基本法無禁止的便不違法」病毒，使青年人誤以為《基本法》無寫明「不可殺人放火」，「不可背叛祖國」便可以殺人、叛國，並將辱罵、圍攻、衝擊只當「小兒科」而染上了「豬」病毒。但是，上述的傳播者只是外因，只是染疫的條件；而青年自身缺免疫力，卻是內因的重要根據。

中國的人文知識薄弱，易感「無限民主」風寒症。所謂人文，指人類社會各種人的習性和文化現象。《易・賁》曰：「文明以止，人文也。觀乎天，以察時變；觀乎人，以化天下。」即是說，人文以文明為宗旨，以科學文明來觀察大自然，便知道它的變化；以文明行為觀人待人，人便可得到薰陶教化。若如是，便可脫離野蠻而步入文明，也可抵禦其他異端邪說的毒害。中國的傳統人

文，最為國人認同兩三千年的是儒家的「修身、齊家、治國平天下」。而人之立世，能由遠及近，由己及人，並把「格物、致知」，「誠信、正心」作為實現此一目的的前提和基礎。

刊於 2010/6/7《大公報》評論版
《港青應抵禦假民主病毒》

一字之師

　　寫了 10 年評論，到今天報紙編輯多是年青人，但莫看輕後生輩。社評選文，一要把舵，二要字斟句酌，三要避免錯字，四要安排版位。他（她）們因新聞變化要求快、準、及時，職業是「晝伏夜出」。我更佩服他們是「一字師」！

　　我寫《慳電膽幸勿誅連》給《香港商報》。之前我想：「誅」是聲討，口誅筆伐嘛，就再不查字典了。可明天見報，標題赫然竟是「株連」。忙查《漢語大詞典》：株，樹木幹和根也；連根拔起曰株連，引申為一人入罪而牽連親友，多麼形象、準確、生動，這正是我要表達的原意。一字之差，差之甚遠，這些例子還出現在新加坡《聯合早報》：我引用南朝・庾信《枯樹賦》：「此樹婆娑，生意盡矣……昔年種樹，依依江南；今看搖落，淒愴江潭；樹猶如此，人何以堪。」到了見報，「江南」成為漢南，「淒愴」成為悽愴。表明編者認真查核，這不得不佩服他們是「一字師」。

以「詞」談政

　　時事評論談多了免不了公式化，老以論點、論據、論證、邏輯思維寫成八股文。故我試以散文式來寫，並以「詞」入文，「創造」了評論新形式：

靜之兄：

　　中秋佳節前夕，喜收到您電郵給我唐代詩人王維《九月九日憶山東兄弟》這首詩，讀着倍感親切！是的，「獨在異鄉為異客，每逢佳節倍思親」，您在海峽的那邊，我在海峽的這頭，對着中秋圓月，怎不觸發彼此的情誼和對故鄉的思念！我們雖非親兄弟，但同文同種，同聲同氣，血濃於水，豈非同胞兄弟姊妹麼？請讓我也電郵宋代蘇軾的《水調歌頭‧明月幾時有》給您，遙祝您和嫂夫人「但願人長久，千里共嬋娟」，共賞一輪明月，同表彼此的思念吧！

　　2008 年中秋在高雄一別，倏忽兩年。那晚的深藍天空，掛着一輪金黃的圓月；我們劃着小舟在高雄著名的「愛河」波光瀲艷的水面滑行。談起中共總書記胡錦濤在北京與國民黨主席連戰歷史性的會晤；說起台灣「獨派」民進黨選舉的連番敗北；論及中

國大陸改革開放取得的偉大成就，靜之兄情不自禁即興歌吟《南鄉子》詞道：

> 歷史一番新，長久陰霾散已晴。一泯恩仇重握手，和平，兩岸同胞喜笑聲。肉跳也心驚，日暮途窮亂賊營。悔改幡然猶未晚，輸贏？獨路通幽向墓塋。

我也一時激動，吟誦一首《鷓鴣天》回應曰：

> 手足分離惦掛深，月圓隔海盼來音。血濃於水文同種，同聲同氣同一心。　情意結，永難禁。山河寸寸是黃金。劫波歷盡皆兄弟，一統中華國賊擒。

靜之兄，過完中秋，十月一日又是中華人民共和國成立六十一周年全球華人同慶的日子。現在兩岸三通已經實現，不要說一道淺淺的二百五十浬海峽隔不住兩岸親情，現在是「千里江陵一日還」了，您和嫂夫人回來吧：或先到香港小住兩日，然後一起去北京；或我先到北京等您，在北京感受偉大祖國的昌盛和繁榮，然後去您的故鄉山東濟南。在濟南的泉城廣場，我們一起遊覽莊嚴的文化長廊，計有青銅像（這些中國古代名人多生於山東、依年代順序）大舜、管仲、孔子、孫武、墨翟、孟軻、諸葛亮、王羲之、劉勰、李清照、戚繼光、蒲松齡等。特別是李清照，**台灣詩人余光中稱「李清照之美是複合的。應該是在她的嬋娟上再加天賦與深情，融成一種整體的氣質與風韻。北國女兒而有此**

江南的靈秀敏感，正如大明湖鏡光裡依依的垂柳迎風搖翠，撩人心魂也不輸白堤、蘇堤。也就難怪濟南人要將自己的絕代才女封為藕神……」（引自余光中《青銅一夢》）。我想出生於寶島台灣的嫂夫人一見李清照就會神交一拍即合的。

最後贈兄《浣溪沙　中秋》一首聊表衷情：

阿里山高朗月明，思鄉想國意難勝，猶如圓月與星星。
愛我中華山水秀，歌她勝利馬蹄輕，紛紛游子覓歸程。
2010/9/212《大公報》評論版《中秋情思》

政黨陽痿

要批評台灣國民黨「政治陽痿」，引古典名詩最恰切、生動：
台灣的中國國民黨要召開「臨代會」，以「凝聚共識，團結勝選」為藉口，討論廢止國民黨「總統」參選人洪秀柱提名資格，換上主席朱立倫出陣。「換柱」之舉暴露了國民黨的不戰自亂和舉棋不定的慌亂心態，更被島內中國文化大學政治係楊泰順教授評之為「換柱已擊散民心，挽回頹勢已然無望」，真是一語中的。給國民黨「換柱」的危害可用：政治陽痿，不戰自降；陣前換將，兵家大忌；始亂終棄，深藍反彈；授敵以柄，擊碎民心 32 字來概括。
先說政治陽痿。這是國民黨與生俱來的 DNA。國民黨這百

年老店誕生於 1911 年的辛亥革命。這場以資産階級利益為宗旨的革命一開始就帶着不徹底性的妥協，故孫中山的臨時大總統之職也幾乎是「三起三落」終由袁世凱、軍閥竊奪。老蔣、小蔣不說，輪到馬英九，他幻想當「全民總統」，百般討好敵對的民進黨，既被綠營嘲弄，更傷透藍營的心。現由朱立倫當黨主席，國民黨男仕的「天王」，下至男黨員們怯於去年「九合一」選舉的失敗，個個靜若處子、噤若寒蟬，反復盤算沒有一個敢披掛上陣出戰明年「大位」。若非藉藉無名的女黨員洪秀柱「破繭而出」，國民黨幾乎不戰而拱手把政權讓給了蔡英文的民進黨。國民黨畏縮怯戰，診斷只有一條：患器質性政治陽痿症。後蜀君主孟昶在宋軍一到就未戰先降悲劇，妃子花蕊夫人的詩形容之是「君王城上豎降旗，妾在深宮哪得知。十四萬人全解甲，寧無一個是男兒」？悲也矣哉！

刊 2015/10/15《香港商報》香江評論《國民黨換柱擊碎民心》

新「三字經」

中國有《三字經》論政，我寫政評千篇，有江淹才盡之感，也試用三字方式反對「佔中」，居然也刊在《大公報》評論版上：
反「佔中」三字經

2014/10/12《大公報》評論版

佔中壞　當須記　一違法　二亂紀　三反中　四亂港　五

損人　六害己　七爭權　八奪利　九媚外　十分裂　野心大
竊神器　人共憤　真可恥　工商界　我與你　齊奮起　同抵制

　　佔中環　毀經濟　阻交通　癱股市　使銀行　無交易　港
金融　成凋敝　香港賊　自倒米　謂學者　偽君子　謂抗命
行暴戾　謂商討　實專制　假普選　早失義　是亂臣　也賊子

　　假公投　劫民意　託民主　作誘餌　引投票　假道義　報
大數　自吹噓　基本法　無設置　香港地　屬中國　行政區
直轄市　自治權　中央畀　普選法　人大定　搞公投　違憲制

　　讀盧梭　契約論　互遵守　真民主　讀柯恩　講理性　互
妥協　達協議　讀柏林　論自由　顧整體　分群己　賀佛爾
批狂熱　畸零人　屬病疾　亨廷頓　說暴力　狂犬症　應醫治
康德指　尊法則　講道德　才合理

　　教「佔中」　他是賊　罵粗口　非我師　編謬論　假通識
如毒品　來麻痺
中小學　齊奮起　勿上當　敢鄙棄　路拐彎　認騙子　途凶險
學迴避　講民主　先講理　說自由　合法治　擇其善　方從之
若犯法　困牢獄

　　我學生　顧此名　思此義　長大後　港棟樑　國之器　在
家中　孝父母　在學校　尊老師　養不教　父之過　教不嚴
師失義　子不學　非所宜　幼不學　老傷悲　玉不琢　不成器
人無道　不知義　講文明　習禮儀

　　昔孔子　講仁義　諸葛亮　有大智　王之煥　敢登高　望
千里　范仲淹　天下樂　後自己　學祖逖　到中流　勇擊楫

文天祥　正氣歌　揚正氣　抗毒品　燒鴉片　林則徐　如秋瑾
女英雌　盡其忠　報祖國　人仰止

　　香港人　生於斯　長於斯　黃皮膚　黑眼珠　中國籍　　同
文字　我祖宗　炎黃帝　我父兄　同血液　九七年　港回歸
你與我　同雪恥　愛香港　屬天經　愛祖國　是地義　誰反對
是背叛　傷天理

　　一七年　行普選　殖民地　百五年　不能比　中央定　真
心意　基本法　是依據　人大決　合憲制　提委會　提名權
莫代替　公民提　離了經　背了法　當拋棄　白皮書　已解釋
中央權　全管治

　　新中國　已崛起　看城鄉　漸富裕　中國夢　正可期　民
族興　本世紀　展未來　信心足　看香港　亦如是　有曲折
有崎嶇　排干擾　同心志　反佔中　同出力　勤讀書　德智體
做棟樑　勿自棄　好青年　都謹記

注：卡爾‧柯恩（Karl Cohn），美國民主理論家，著有《民主概論》，認為妥協是民主核心。

　　柏林（Berlin），英國近代自由理論家，在《論自由》提出自由為大眾才是積極自由。

　　賀佛爾（Eric Hoffer），美國政治家，在《狂熱分子》中稱狂熱分子是畸零人。

　　享廷頓（Samuel　Phillips Huntington），美近代政治理論家，在《美國民主危機》一書中，總結上世紀六、七十年代美國青年的消極民主是患「民主狂犬病」。

笑的活用

　　我讀國學大師錢鐘書著作如《談藝錄》，其豐富宏博，令人如入詩歌寶庫；讀《寫在人生上》、《人·鬼·獸》其中有一篇叫《說笑》云：「怒則獅吼，悲則猿啼，爭則蛙鳴，遇冤家則如犬吠影，見愛人則如鳩之呼婦。請問多少人真有幽默，需要笑來表現呢」？張華注說：笑是閃電。薛德尼斯·密史說電光是天的恢諧」……西洋成語稱笑聲清揚為「銀笑」，假幽默像摻了鉛的偽幣，發出重濁呆木聲，只能是鉛笑。據此，我在小說《春滿蝶愛樓》結尾說都是寡佬老王和寡婦的英姐通電話相愛了：　剛放下話筒，電話又嘟嘟響了：

　　「王志剛呀，您好！」一個並不陌生的女聲。

　　「好！好！你是誰？甚麼事？」

　　「恭喜您，心電圖顯示您心臟十分健康，一點雜音都沒有！」

　　「您是？啊，是醫院姑娘，我謝謝您！」老王心跳加快了：「您怎麼知道我的名字、電話號碼呢？」

　　「您真傻，都幾十歲人了，還怕醜？表上不都填着嗎！您的手機我要了。」

　　「啊，我的二奶……Sorry！我的手……手……」

　　「去你的，衰人！誰是你的二奶？」

　　「啊 No，說錯了，是我的手機。」

「歸還可以，請說幾句好話。」

「您，美得暈人！笑得迷人！舞得動人！」

「怎樣迷人？」

「您有銀笑，我有鉛笑。」

「此話怎講？」

「眼睛分外明亮，皓齒閃耀光芒，是銀笑；呆滯透着無奈，笨濁暗澹無光，是鉛笑。」

「別胡說，哪有你身邊人明亮？」

「甚麼身邊人？一個孤單的人！睡不著的人！老去的人！無邊落木蕭蕭下的人！你真的要撩我？」

英姐從未聽過如此多姿多彩的排比句，興奮得哈哈大笑，說：

「真是多才多藝！近在眼前，蝶愛樓18字×室，您來吧，我撩您！」

老王躍起，敞開胸襟，趿着拖鞋，按圖索女。輕按門鈴，英姐半開門扉，穿著蟬翼睡袍，雪白凝脂的胸脯令老王喝了濃酒昏醉；房間燈光柔軟，半個月未刮鬍鬚的老王，縈得英姐又痛又癢，企企大笑，在大床上相擁打滾。

手機響了，老王拿起，女兒問：

「爹哋呀，二奶找到未？」

「找到了！爹哋找到二奶了！」

英姐用拳頭輕擂老王背脊，老王一臉埋進英姐溫香的胸脯裏。

詩入小說

　　我國《三國演義》、《西遊記》、《水滸傳》、《紅樓夢》四大古典名著，每一回或每個章節，都插有詩、詞，起畫龍點睛作用。受它薰陶濡染，我在由中國作家出版社出版的短篇小說集《半山迷孃》中也作如是安排：

　　《半山迷孃》的末段和結尾：

　　於是低音如濃雲密布中展開。雖然右手的分解和絃如輕風要將雲吹散，但音韻渾極，節奏慢極，旋律濃極，仿佛心中的愁思凝得溶不開化不了。月光啊，何時雲破透入花叢，照亮她之明媚！蘇珊接住吟道：視你為玉／玉兔、玉輪、玉鉤／多麼完美／為何只有十五十六／餘皆容易破碎？視你為銀／銀盤、銀盃、銀圭／多麼奇瑰／為何佼人僚兮／孤獨徘徊憔悴？視你為桂／桂魄、桂樹、桂影／多麼珍貴／惜我誤吞靈藥／長鎖廣寒知悔！視你為秋／秋蟾、秋鏡、秋明／多麼完美／為何你圓我缺／迷孃恨如秋水⋯⋯周英華邊彈邊聽，這是孤獨之曲，怨恨之歌。他儘量把旋律放重壓低，以突出蘇珊對月光的泣訴和怨歎。當旋律轉趨明亮，由中音向高音移位時，大地已充滿溫藹的月光，米高竟也流出激動的淚水。是啊，豪華宅邸，家資億萬，但對於一個精神絕對空虛的少婦來說，一切都毫無意義，也等於零。他彈完樂曲也正好蘇珊吟誦結束，相對無言，靈魂

合一。兩人身貼身嘴貼嘴地一下子狂吻著擁抱著。蘇珊的薄如蟬翼的內衣滑脫，周英華輕輕將她抱起，一步步沿梯級走上三樓。「喜歡成熟的女人嗎？」「喜歡！成熟的女人最美：她，如歌的行板，流暢而多姿；是蜜桃，甜美而多汁；是月光，明亮而溫柔……」到了溫馨的大床，米高把粉雕玉琢的蘇珊放下，然後自己解衣，一男一女便三十如狼四十如虎地纏綿起來……突然，電話鈴向起，周英華摸到褲袋的手機。

「哈囉！誰呀？」

「是我。」哦，敗了！那是 Boss 的聲音。周英華從夢中驚醒，推開伏在身

上的裸體迷孃，一躍而起，混亂中穿好衣服頸繞領呔，飛快往樓下狂奔。

「不要怕！Michael！不要害怕，有我呢……」蘇珊迷糊中囈語不停，以後便熟睡如泥。

　　就在周英華去沙田上班一個星期後，一天，他收到一封掛號信。一看字跡，是蘇珊無疑。唉，是特赦還是死刑？拆開，是蘇珊的一首詩：

　　您是我
　　最難割捨的
　　那一個男人
　　您的一滴
　　甜柔我

乾枯的心

滋潤成

愛的長春藤

把您緊緊纏繞

任海角天涯

——**愛您的** Susan

《月姊歸華》的中間插詩：

嫦娥這回懂了，問：「子堯、舜之孫乎？」舜日說：「說是也是。他堯年，我舜日，是太平盛世。沈約詩云：佩服瑤草駐春色，堯年舜日歡無極。這是我們中國今日的寫照。」

嫦娥忙問：「子知羿乎？」

「知道。后羿哥哥想念您，托我們帶給姊姊一封信。」堯年遞信給月姊。嫦娥興奮得兩手顫抖，打開唸道：

夜夜長嘆息 思汝心中憶 果自闈闥開 魂交睹顏色 顧首巫山枕 又奉齊眉食 翹首望玉盤 如見卿在側 那知神傷者 潺潺淚沾臆

嫦娥倍感悽惶，不禁吟道：

月華涼如水 潔淨絕塵埃 良朋喜入闕 勝友地球來 瓊樓有嫠婦 神州思良才 赤縣千萬里 遠眺獨徘徊 歸思良未已 涕零苦哀哉 吟罷以袖掩面而泣……

「姊姊不要哭，我們便是奉祖國和后羿哥哥的委託，接您回去的。現在就可

登月車了。」堯年說。

嫦娥完全懂了，話語也漸漸接近現代漢語，說：「去國千載今始歸，城郭堙滅人民非！」

民主前提

評論香港民主派，必須看看美國民主理論家卡爾・柯恩是怎樣論述民主的：

美國著名哲學家、現任密西根大學教授、以政治哲學和倫理學見長的專家卡

爾・柯恩（Carl Cohen）在其名著的代表作《民主概論》（Democracy）一書中就開宗明義指出：民主之路首先要有前提和條件，「兩個前提：第一個前提是社會的存在和對社會的自我認同，要是沒有社會的存在也就沒有理由需要以管理社會的民主了。」根據柯恩的論述，香港社會達到了「社會存在」和「自我認同」沒有呢？本來應有，但被「泛民主派」毀之。

民主的第二個前提是「理性」。柯恩教授指：「如果人類不能聯合在一起制定法則並服從所指定的法則；如果人類不能互相講理、互相理解，那就有理由說民主只是空想，因為它要求的前提根本就不存在。」理性具體表現為一是遵守共同的社會契約，香

港的共同契約是《基本法》，但社民連某「議員」高叫「基本法我哋不嬲都反對啦」；二是妥協，沒有妥協，民主永遠達不到共同的目標。

見 2010/4/《大公報》大公評論《反對派在拆民主之橋》

自由眞義

香港一些人動輒以「民主自由」為藉口鼓吹「港獨」反中亂港，但他們不知西方自由的老祖是如何論述自由？故必須引述以告：

英國古典自由主義理論家穆勒（John Stuart Mill 1806－1873）最主張人是要自由的。他在《論自由》（嚴復譯為《群己權界論》）一書論述人的自由概括為：

其一，「個性自由，是幸福的一個因素。」這是鑒於十八世紀初資產階級反對封建皇權專制，提倡「個性解放」而說的。這種把「個性自由」提到是個人「幸福的一個因素」對鼓動資產階級民主革命起了一定的作用。

其二，自由是應受到限制的。穆勒寫道：「如果發表意見的當時情況使它對某種有效行為（指危害社會）構成積極的煽動，即雖意見也失去特有的權利。」我們的理解是：每個人（包括報

刊、傳媒）都有自由發表意見的權利（即盧梭所提倡的「天賦人權」），但自由發表意見都不是絕對的，特別要分清「自我」及「他人」。「自我」有胡言亂語的自由；對「他人」卻應節制，否則是侵犯了他人的自由。

其三，社會對個人權力可以限制。穆勒把自由分為個人自由和社會自由，指：「生活中主要對個人發表關係的部份屬於個人；而生活中主要對社會關係的部份屬於社會。」這是很容易理解的。你自己有選擇反對興建高鐵的自由，但多數港人卻支持興建，屬對社會關係有利的，你必須接受社會對個人的限制；你公、社黨反對「一國兩制」，但大多數港人在「一國兩制」下生活得很好，你這小政黨必須接受「一國兩制」的限制。穆勒說：「如果一個人由於純粹自利的行為使他無力履行對大眾應盡的義務，他就是對社會的過失。」

另一近代英國自由主義理論家柏林「Berlin1909－1997」的自由理論更把「自由」分為「消極自由」和「積極自由」兩種。「消極自由」—「我自由，是不受他人干涉，愈不受干涉我就愈自由。」表面看來是「最自由」的了，但我的行為與公共社會的自由成反比。因個人自由越脹大，公共社會的自由空間就越縮小。「積極自由」—「我自由的空間有多大，取決於外力『束縛』有多大。」即我的「自由」與外力對我的約制成正比。柏林將無限膨脹的個人自由比為「豺狼」，引諺語「豺狼的自由是綿羊的末日」，是多麼深刻、形象的警語，要人們處理好個人自由和社會自由的關係啊！

現代蔣幹

　　讀《三國演義》的人都知道，當年蜀漢、東吳、曹魏會戰於赤壁。曹營中有「名士」蔣幹，自言與吳軍統帥周瑜是「老同學」，自告奮勇過江向周瑜勸降。周瑜導演了「群英會」活劇，結果曹操中了「反間計」，殺了海軍司令蔡冒、張允，元氣大傷，為漢、吳火燒赤壁大敗曹軍創造有利條件。而蔣幹中計也成了聰明反被聰明誤歷史笑柄。

　　今天香港也有現代版「蔣幹"出現：在中、英、美三國守衛和爭奪香港這「東方之珠」寶地的尖銳、激烈鬥爭之際，他出來替英、美及其代理人反對派當說客，說甚麼「2017 年香港能否普選特首，在於中央一念之間，北京若能驅走心魔，接受一直視為難合作的人當特首，政改便豁然開朗」。就是說：中央應去除「心魔」，接受反對派政客當特首，向干預香港普選和屬於中國內政的外國勢力投降。其言論使親者痛、仇者快莫此為甚！

刊 2013/10/16 新加坡《聯合早報》
言論版《曹營勸降客　蔣幹說心魔》

城狐社鼠

「社鼠城狐」又曰城狐社鼠，都指危害社稷城隍的狐輩鼠人。《晏子春秋‧問上九》曰：「夫社，束木而塗之，鼠因往託焉。燻之，則恐燒其木；灌之，則恐敗其塗，此鼠所以不可得殺者，以社故也」。即是說：社壇（古時用來祭天地地方，後引申為社稷、國家）是用木搭和泥（塗）壘成，老鼠因而有所依託居住。人們用火燻牠恐燒掉木椿；用水灌牠又恐冲壞泥土，這就是鼠得以生存的原因。

以今日香港觀之：其一，香港把民主、自由吹噓為「香港核心價值」，以為它是構建香港社會的「木柱」；其二，香港又把法治鼓吹為只是保障民主自由「泥牆」，構成香港這個「社壇」，於是像香港這類狐鼠得以有託棲焉。批他，恐「礙」民主這「木」；趕他，恐「損」法治這「塗」，於是他們得以竊踞立法會危害香港而耐何他們不得。此壞事也說明民主、自由是雙刃劍：它既是保障人民群眾的言論、行動自由，又給壞人作奸犯科有所藉口和依託。

宋‧洪邁《容齋隨筆‧城狐社鼠》曰：「城狐不灌，社鼠不燻，謂其所棲巢穴得所憑依，故議者率指人君左右作歹者為城狐社鼠」。舊時代的「人君」（皇帝）對狐群鼠黨無可奈何；但今日香港的香港人卻有辦法水灌、火燻竊據立法會的狐狸鼠輩：這就是

用選票把拉布者趕下台，使他們再不能鼠竊狐偷浪費納稅人的錢、阻撓有利民生和香港安定繁榮的財算案之通過。

鋤城狐、燻社鼠的責任既落在港人身上，只要萬眾一心，像立法會這些狐鼠就無可施其伎。趕他們下台，才能純潔民主自由和法治，落實「一國兩制」、「港人治港」，高度自治的方針，確保香港的繁榮和穩定。

刊 1012/5/18《香港商報》評論版

瓦釜雷鳴

黃鍾，中國古典音樂 12 律中 6 種陽律第一律也，其聲正大、宏亮、莊嚴、和諧；瓦釜，是平庸、粗俗、其聲沉啞不堪一擊之瓦器也，喻庸才。屈原《卜居》感歎："黃鍾毀棄，瓦釜雷鳴；讒人高張，賢士無名"，用以比喻香港目前的狀況真是準確、鮮明而又生動！

眾所周知，全球走創新科技之路，日新月異，你追我趕。可是香港自從行政長官去年一月在《施政報告》中提出完善和發展創新科技產業逾年，近日在立法會審議設立創新科技局的撥款（供局長及職工薪酬合 3 千 500 萬元），本可數小時一次會議通過，卻因反對派議員以"拉布"（Filibuster）方式，藉口"設立倉卒"、

"不合程式"、"再放影帶"等冗長發言和所謂"修訂"拖延審議、阻撓正面訊息發佈和正確意見的聲音至今未能通過。其中有些反對派議員愚蠢到連智能手機也害怕用、不會用。這不是黃鐘毀棄，瓦釜雷鳴嗎？

　　嗚呼，香港恰如一棵曾欣欣向榮過大樹，如今卻象南朝·庾信《枯樹賦》所形容的："此樹婆娑，生意盡矣……昔年種柳，依依漢南；今看搖落，悽愴江潭；樹猶如此，人何以堪"！要樹繁榮，唯靠香港人自己：用選票把瓦釜雷鳴的庸才趕下臺，讓黃鐘大呂奏正大、光明之音的賢士上任，才有出路。

　　　　　2015/2/14 新加坡《聯合早報》言論版《香港現狀堪憂》

《周易》和諧

　　「和諧」是大家可接受的哲學範疇，是中華文化的核心。和諧也者，「太和」也。《周易》「乾卦第一」曰：「乾，元亨利貞」（天，春夏秋冬）。《象》釋曰：「大哉乾元，萬物資始，乃統天。雲行雨施，品物流形。大明終始，六位時成，時乘六龍以御天。乾道變化，各正生命。保合太和，乃利貞。首出庶物，萬國咸寧」。意思是：一、乾，天也，指大自然，是萬物資生的源泉，它施雲佈雨，並概括為春夏秋冬；2、明白天時予以利用，則如六龍可以御天；3、若能保持自然界（人類社會亦然）的「保合」（大協

調）而達致「太和」（和諧），則利貞（就可秋收冬藏），天下便首出富庶，萬國咸寧了。《周易》的核心，就是要保持人和自然的和諧以及人與人之間的和諧，是一種符合人所期望的萬物繁茂、天下太平的良好局面。「和諧」的實質可歸納為陰陽協調、剛柔並至、長短互補、動靜平　等等。《周易》的科學結論，是把世界看成陰陽兩大勢態組成，它們互為依存，生生不息，變化日新。簡言之，沒有天（乾）就沒有地（坤），沒有男就沒有女；沒有國家，就沒有人民。拿「一國兩制」來說，社會主義和資本主義並存，兩者相依互補，香港與珠三角融合陰陽共生而使「一國」更豐富多彩。特區政府和港人，他們既一分為二，又合二而一；互為依存，彼此感應而和諧。凡事反對、折騰，違反中國文化「和諧」的核心，違反自然發展規律，故注定沒有結果，只有徒勞和虛耗。

2010/3/19《大公報》評論版《和諧，香港才有希望》

熊玠論政

自決者，按美藉華裔著名學者**熊玠**（James.C.Hsing）教授在其《無政府狀態與世界秩序》（Anarchy and Order）一書中引用的聯合國 1962 年《給予殖民地國家和人民獨立的宣言》指：加速結束殖民地成為聯合國這一世界性組織的緊迫目標，即一、促進自

決對防止另一場類似的第二次世界大戰的戰爭爆發是必要的；二、在 1960 年後仍完全成為受奴役民族的一種權利自決，是人民在反對統治當局時堅持的一種權利。聯合國大會第 1514 號決議第 15 條把拒絕殖民地國家自決定義為「使該國人民受異國的奴役、支配和剝削之下」。由是國際法確定「自決」的闡述是：「給殖民地國家與人民獨立」。「自決」就是「獨立」。

關於民族和人民的概念，熊玠教授指聯合國支持殖民地人民「自決」時用「人民」一詞欠妥，用「民族」一詞較切。「人民」的外延大，概指所有平民百姓；「民族」内涵小，指的是由歷史上形成的，有共同語言、共同地域、共同文化、共同經濟生活和共同素質的人的共同體，如中華民族，可以自決。但「人民自決」，是打開了「潘朵拉盒子」（pandora box），亂象即生。若如是，加拿大的愛斯基摩人、西班牙的巴斯克人、法國的科西嘉人、英國的蘇格蘭人、美國的印第安人都可「自決」。果如是，就如 1992 年聯合國秘書長所言：「無理性的種族衝突、宗教衝突、社會衝突、文化衝突，將會威脅國家的團結。」

2010/2/17《大公報》評論版《香港自決就是「港獨」》

好人莫忍

英國思想家、哲學家埃德蒙•伯克（Edmund Burke1729－1797）有名言曰：「The only thing necessary for the triumph of evil is for good men to do nothing」（譯文是「魔鬼得逞是因為好人的袖手旁觀」。是啊，才不到一年半，託名「法律學者」的三醜人發起「佔領中環」要癱瘓香港作為金融中心的地位，已使銀行業、投資者和商業家憂心忡忡；畸零人、邪惡者、「港獨」派的「驅蝗」行動已使零售業下跌 10% 以上，而旅遊業更風雨飄搖；侮辱、謾罵內地同胞的反民主、反人權更使自由行退潮，核心區鋪位空置率 10 年創新高，銅鑼灣半年間吉鋪暴升至 126 個，尖沙咀廣東道更行人疏落冷冷清清；而由於反對派政客在立法會的「拉布」和暴力辱罵、掟玻璃杯，危及了一係列扶貧紓困措施的實施，基層市民受害……香港的繁榮安定已岌岌可危，港人的發展利益正受嚴重威脅。而這一切，正是香港邪惡勢力及其幕後反華勢力黑金、唆擺和慫恿的結果；而大多數沉默的好人以為忍氣吞聲就可避過厄運求財渡日。可現在不了，善讓一尺，魔進一丈。於是不得不站出來，到「保普選、反佔中」大聯盟處簽名以表達了好人啊，不會再對魔鬼作惡忍氣吞聲。

　　*埃德蒙・伯克還提醒世人：邪惡盛行的唯一條件是善良者的沉默。*好人啊，莫再對魔鬼妖孽忍氣吞聲，行出來到「保普選、反佔中」簽名，以實際行動向反中亂港的邪惡說不吧！排隊買票是公眾遵守的秩序，有人"打尖"應被制止，"佔領中環"是破窗行為和政治上的打尖行為必須制止；其三，大家出聲，我們才有力量，要改變香港未來遭遇，我們這一代和下一代命運，大家要出聲。這是多麼通俗、有理、有據的聲明，難怪感動不少港人，紛紛加入為香港好的"幫香港出聲"組織了。

　　無獨有偶，　近日香港又在熱議"塔斯佗陷阱"論。它出自西元55－120 年間古羅馬歷史學家塔斯佗（Publius Cornelius Tacitus）說的一段執政感受的話："當政府不受歡迎的時候，好的政策與壞的政策都同樣得罪人民"。　於是就有人拾起"塔論"為武器，在香港掀起又一次"倒梁（振英）"行動。

　　縱觀歷史，人民有先知者、不知者、後知者三類。先知者以他的敏銳觀察力和智慧預知事物的起因、發展和未來。故《孟子‧萬章上》曰："天之生此民也，使先知覺後知，使先覺覺後覺也"。孫中山《民權主義‧第三講》說："先知先覺是發明家，後知後覺是宣傳家，不知不覺是實行家"。即是說，後知後覺是傳聲筒，不知不覺只是跟著走。世上後知、不知者占多數，他們易受政治騙子和政客宣傳欺騙而走反對合法政府道路。故香港"佔領中環"破窗行為應揭穿、制止；政客干擾司法挖成的塔斯佗政治陷阱，必須填平已是當務之急了！

2014/7/28《香港商報》評論版《好人啊，莫再對魔鬼忍讓》

制止破窗

　　近日，剛成立的反對佔領中環之"幫香港出聲"組織在香港大小報紙刊登了題為《你會出聲嗎？》的聲明，正式向"佔領中環"者發起挑戰。

　　此間香港持平、正義的報紙和民間人士多數支持以文攻、說

理的"幫香港出聲"組織，尤其是他們近日的聲明。其一，他們問：你不想香港亂？你不想自己經濟受損害？你不想家庭、家人受影響？那麼，請反對"破窗"香港、喝止"打尖"， 加入"幫香港出聲"吧；其二，"破窗理論"是紐約市成功減罪行動的理論，一家的窗戶被歹徒打破，若不制止，全市人家窗戶也不可倖免。

2013/8/19 新加坡《聯合早報》言論版
《制止破窗，填塔斯陀陷阱》

竊刀格虎

「真普聯」要求特首普選提名權和被選舉權「普及而平等」，反對「篩選」，更是把西方花園裡沒有的花種到香港花園裡，這顯然違背《基本法》和人大常委會 2007 年的憲政規定。淺顯通俗的比喻，恰如「竊刀格虎，率眾入澤」。明朝開國軍師劉基（劉伯溫）的寓言體散文集《郁離子》中的《安期生》就有如下的故事：

安期生得道於之罘山，持赤刀以役虎，左右指使進退，如役小兒。東海黃公見而慕之，謂其神靈在刀焉，竊而藏之。行遇虎於路，出刀以格之，弗勝，為虎所食。郁離子曰：「今之若是者眾矣。蔡人漁於淮，得符文之玉，自以為天授之命，乃往入大澤，集眾以圖大事，事不成而赤（滅）其族，亦此類也」。

　　此荒唐故事中黃公、蔡人像不像今日香港「真普聯」和政客？真像也！

　　首先，黃公竊安期生之刀，並不知道安期生早已在之罘山修煉得道，與虎豹相處多年，就誤以為神靈在刀盜竊之；可真的遇虎，刀卻是凡刀不起作用，連累自己被虎吃掉。這慘痛教訓恰如今日的「真普聯」諸君：他們以為西方的所謂「普及而平等」就是選舉的「萬能刀」，竊而引用到香港 2017 年普選行政長官的方法上來；素不知「普及而平等」在西方並非「萬能刀」：美國總統選舉不是「平等而普及」，英國首相選舉也不是，西方各國更不是。「普及而平等」既是空言，更淪為垃圾堆裡的破紙刀。「真普聯」拾來當「寶刀」用於 2017 年香港的普選，當然是不合《基本法》的規定，觸犯了法律之「虎」，理所當然注定要失敗。

　　郁離子的話更活靈活現今人戴耀廷的愚蠢和狂妄：蔡（古地名，今河南上蔡西南）某人得到符文之玉，自以為天授之命，聚眾入大澤　「以圖大事」，但事不成而「赤其族」，跟尾狗者全軍覆沒。這真是「今之若（像）是者眾矣」。政客竊刀格虎、率眾入澤全軍覆沒。

2013/5/10《文匯報》論壇版《政客竊刀格虎》

眾口難調

　　就市民所見，梁特首和各位問責官員和行會成員已很辛苦：為官不足一年，眼袋下垂，兩鬢灰白。CY 政績不俗，為何如此「不忍卒睹」呢？這使筆者想起唐太宗與時任官至中書侍郎的許敬宗一段對話。上（太宗）問許敬宗曰：「朕觀群臣之中，唯卿最賢，猶有言卿之是非者何也？」敬宗對曰：「春雨如膏，農人喜其潤澤，行者厭其泥濘；秋月如鏡，佳人喜其玩賞，盜賊惡其光輝。天地之大，人猶憾焉，何況臣乎？臣無美酒肥羊以調眾口，是非且不可聽，聽之猶不可說，君聽臣遭誅，父聽子遭戮，夫婦聽之離，朋友聽之別，親戚聽之疏，鄉鄰聽之絕。人生七尺軀，謹防三寸舌；舌上有龍泉，殺人不見血」。太宗曰：「卿言甚善，朕當識（記）之」。這段話給為官者的啟示和慰藉也大矣。

　　當官者（總理、行政長官、部長、局長）確不易當。有道是，當官恰如當廚師，要調羹好一桌飯菜合眾人胃口實不容易：有人說太淡，有人嫌太鹹，有人說「你落味精我不吃」。以梁振英為首的政府，今年初為壓抑高樓價，使市民能置業，推出增加印花稅和額外印花稅，擬開拓新界東北增加土地供應，效果是樓市泡沫抑制了，樓價止升了，一些市民歡迎了；但地產代理公司發起遊行抗議傭金收入減少而「水深火熱」了；地產商抗議阻止商界

賺錢要求取消抑制「辣招」了；新界原居民也抗議政府「毀我家園」了。這不是眾口難調為官不易嗎？

2013/12/2《文匯報》評論版
《眾口難調　為官不易》

疾風勁草

　　反對派既癱瘓立法會又要癱瘓政府是這樣猖獗；他們的媒體是非不分、道德淪喪是這樣無所不用其極。由他們煽起的疾風黑雨，掀起的板蕩亂局上至特首官員，下至香港百姓，必須有心理准備，眾志成城地接戰。「疾風知勁草，板蕩識誠臣」，這是考驗梁振英及官員們的關鍵時刻；也是檢驗香港人顧大局、求穩定的應有抱負。國家是香港的靠山，是香港民主自由和經濟金融繁榮穩定的保障。飲水思源，更深切體會作為中國人的港人之驕傲和自豪。隨着中華民族的偉大復興，我們將更熱愛自己的祖國，忠於自己的民族，愈在動蕩、艱難的時刻，愈考驗我們對國家和民族的忠貞，這就是「板蕩識誠臣」的表現。

　　「士生板蕩朝，非氣莫能濟；國家有妖孽，尤貴養正氣」（清·黃遵憲《三哀詩》）。對梁振英為特首的特區政府官員來說，只要

抱住為維護國家對香港的領土和主權完整這股正氣和為香港的
繁榮穩定為宗旨去做，就能在妖孽煽起的歪風做勁草頂風卓立；
在奸佞製造的板蕩亂局中做一個無愧於國家和香港人的誠臣！

2012 年 7 月 18 日《文匯報》評論版
《疾風知勁草板蕩識誠臣》

浮世述異

歡　迎　東　坡

　　橫放傑出的蘇東坡先生抵港自由行的消息　脛而走，香港作家們紛紛電話相告。「作家同行會」准備盛大歡迎。可是，等呀等，記者在羅湖、黃崗、文錦渡、西部通道處處設伏、追踪，卻不見其大駕光臨。原來，東坡先生在惠州祭奠小妾朝雲之後，化名北坡，遂團由珠海乘船過境到達中港碼頭後，入住旺角一間小賓館。他行前還剃了濃密的大鬍鬚，誰能覺察？東坡不願聲張之一，是他視名氣為過眼雲烟。君不見他在《赤壁賦》寫到當年曹孟德之威水史曰：「破荊州，下江陵，順流而東也，舳艫千里，旌旗蔽空，釃酒臨江，橫槊賦詩，固一世之雄也，而今安在哉？」他說，人們寄蜉蝣於天地，渺滄海之一粟；我生之須臾，若能抱明月而長終，那不是很好嗎？其二，東坡非無大志，其《美芹十論》，呈與宋神宗，卻與介甫公（王安石）不合。介甫用事，將他一貶再貶：由朝廷貶至杭州至黃州、惠州，最後是海南島瓊州。「是非成敗轉頭空」，一切他都看透了。

　　時值九月，序屬三秋。東坡先生來到沙田海濱，背後有層巒

聳翠，側面是飛閣流丹，身旁飄紫荊花瓣；遠眺有丫洲島嶼，碧波行桂棹蘭舟，遙吟俯暢，逸興遄飛，遂歌浪淘沙曰：

　　美妙烏溪沙，處處繁華。紅磚綠瓦紫荊花，十載回歸今勝昔，大浪淘沙。

　　巷陌烹香茶，美女輕車。藍天碧海泛仙槎，一醉乘風飛去矣，萬頃無涯。

　　東坡午後既倦，敞開胸襟，揀一光滑大理石檻，旁靠榕樹遮蔭，便呼呼睡着了。一時鼻息如雷，神遊海天。忽然，街巷鑼鼓喧天，呼聲震耳。文學界得知東坡大文豪行踪，由「作家行會」牽頭，組成「大文豪歡迎會」，各派代表十人，來到沙田烏溪沙邀蘇東坡晚宴，遊說東坡作為「優才」移居香港，並於九月作為文化藝術界代表，參加立法會選舉，然後晉身行政長官。學院派高呼：學士醒來，現在職學士、院士、碩士、博士，月薪至少十萬，你為代表入閣，名正言順，我等予有榮焉！南來派高呼：東坡既貶嶺南海南，已落地生根；你代表南來派入會，順裡成章！超然派高呼：先生崇尚老莊，我們理念一致；詩風派、素葉派、新穗派……紛紛圍着東坡呼喊，爭為盟主，附庸風雅，可老蘇鼻息如雷不醒。

　　忽又有人揮舞綠旗白鳥，名「白鳥黨」，提高音麥克風在老蘇耳邊高喊：東坡先生崇尚民主，又有治黃州惠州經驗，居港普選特首，必能百分百得票，月薪 35 萬。再爭取香港獨立，擺脫中國控制，我們可為所欲為！而老蘇夢遊更遠。

　　時有名車數輛駛至，眾注視：乃高官也。高官手捧文書宣讀：

茲任命蘇東坡先生為文化藝術副局長，掌管即將興建西九龍文娛藝術區，月薪 22 萬。老蘇翻了個側身，又呼呼熟睡如泥。美女投懷送抱，大亨美元堆垛，報刊大吹大擂……老蘇一於少理，睡至日落西山，萬家燈火。醒來揉眼伸腰高歌行香子曰：

　　一葉舟輕，雲影波平。紛紛擾擾不之驚。乘風歸去，更喜天青。見凡夫急，儒夫兢，錢夫腥。

　　忽忽世態，密密排兵。螻蟻蚍蜉也爭鳴。光陰荏冉，今古空名。但命能長身能健，腦能靈。

瞎　馬　臨　河

　　丁亥之夏，沙田馬場賽事正酣。騎士綽號「灰郎」，策雜色瞎馬出賽，眾皆詫異。郎曰：「此馬生前乃騎士，與余比賽敗北，死後變馬，今願死心塌地助餘跑出，比俵忠誠；況眼瞎不辨是非，唯聽驅遣。」頃眾馬奔突馳騁，有黑馬飆風斜逸跑出。觀者咸歡聲雷動：「黑馬勝，良民贏！」郎於背上責之曰：「奚不盡力？」舉鞭欲撻。瞎馬忽開腔嘶鳴：「黑馬非馬！黑馬非馬！」郎曰：「莫非詭辯？」瞎馬曰：「凡馬皆雜色，故黑馬非馬也。」郎笑曰：「汝原為雜色凡馬！」

　　短休，瞎馬饑　擇食，越槽齯他馬草料二萬両，害眾馬回廐無糧。詰之，答曰：「余眼瞎，害馬也。」眾馬恍然大悟曰：「害

群之馬，宜疏遠之！」郎見瞎馬飽脹，料可跑贏，忙籠轡跨鞍，向城河方向衝刺。眾馬呼曰：「瞎馬臨河，危矣！」聽而不聞，同墜河而沒。

銅　臭　熏　天

　　書生王某，素仰文豪巨匠，料彼等住必高廈，穿則錦衣，食則珍饌，惜　知何處拜師。踽踽獨行，忽遇一老翁，自稱老杜，願爲向導。轉山坳，老杜曰：「至矣。」王某向之所指，草堂一間，荒地數畝，皆沙漠飛塵。但見一人，篳路藍縷，扶以巨筆編成之耙，由數名鳩衣百結男女拖之耕耘；汗滴過處，青苗茁長，旋即開花，花開結果，結果成書，書香四溢。王某悟曰：「文壇巨匠，何等艱辛。能有快捷方式可達乎？」老杜曰「有」，且隨之行。

　　又至一處，飛甍碧瓦，玉樓瓊宇。王某推牖窺視，見一先生，年逾古稀，道貌岸然。旁有傳真 FAX，念念有詞，即有文章吐出，撫掌喜曰：「紙上得來終覺易，絕知剽竊要躬行！」有頃，書成精裝堆疊。再察，其危冠積塵盈寸，旁有牛頭、馬面各一，頻頻爲其彈冠，賀得道升天。先生興至，掏錢贈與；錢銹蝕斑駁，銅臭飄出，腥味熏天。牛頭恭維曰：「先生大著，上凌天宇，下披海隅，大也偉哉！」馬面曰：「唯主至尊，他人皆草芥蚍蜉耳。」

言迄取金箔一疊，頻往先生臉上張貼，頃刻滿面金光四射，赫然如金身如來。先生大喜，忽放一屁。馬面高呼：何等芬芳！香傳千里！王某掩鼻，老杜大笑，遂失蹤影。

高 帽 小 鞋

鬼甲欲蟬聯文魁，恐陽居書生乙與之爭，忙命冥吏糊紅色高帽一頂，小鞋一雙，曰：「速往拘之！」

乙當夜夢二小鬼，提文書宣曰：「汝從東北來，必帶紅禍至；汝欲爭文魁，文壇定遭殃。」宣畢捆綁，扣以紅帽，彰顯名正言順；穿之小鞋，免乙逃逸。

乙驚醒，聞有報刊登此事，疑真假，買來一讀：真也。港人曰《暗報》，俗稱陰報、鬼報，似冥鏹溪錢，陽光一照，即成灰燼。

還 鄉 團 夢

某生包軾，安徽合肥人氏。錦腸珠唾，出口成章，性倜儻，惜家貧未娶，以柴房為書房，以臥薪而自勵。然有祖傳一物，乃

二十六世祖包拯審閱案件之鏡，據云可察秋毫，能辨邪正。軾甚寶之。

一晚，挑燈夜讀，倦極欲睡，忽敲門聲。問何人來訪？曰「文曲星至」。軾未迎，黑影排闥而入。視之，面大如輪，皮厚如革，唯無耳鼻；口若懸河，四眼深邃，卻有眼無珠。軾初見驚懼，忙邀坐，問：「來者何方神聖？」對曰：「姓司馬，相如血統，遷之才華，光之後裔，司馬相鬼是也。」軾問：「背《子虛賦》乎？曰：「　識。」問：「讀《史記》乎？曰：「不讀。」又問：「見《通鑒》否？曰「未」。軾大笑曰：「胸無點墨，冒名頂替，以汝爲恥！」鬼不服，贈書一本與軾。軾翻閱，白紙一本，斥曰：「無字天書，虛妄至極！」然冷靜舉寶鏡檢視，立現怪異：

先見高閣臨江，珠簾繡箔，是鍾鳴鼎食之家也。大堂有一老官，紅頂花翎，長袍馬褂。旁立八婢侍候聽使，堂下跪一衣衫藍褸農婦。婦哀告：「夫累至死，子藉入爲奴，孫將餓瘵，乞免本年租賦！」老官狼相畢露，吼曰：「施以夾刑！」二衙役拉緊竹筴，婦十指痛心昏厥。老官則擁美婢狎玩狂笑。軾不忍睹，翻過一頁，已是殘壁頹垣。一白面書生形容枯槁，悲戚徘徊。問：「少年何人？」鬼答曰：「司馬鬼也。老官乃曾祖，辛亥後家境敗落，民賊蠭起，旋又共黨造孽，逼餘投奔怒海，葬身魚腹。閻王知出身名門，扶餘鬼升城隍，任合肥文曲星。君有詩文著述，餘當疏通，命官資助付梓。唯君須認余爲文宗巨匠，人鬼合謀，　亦美事！」忽雜聲四起，旋見劉姥姥、祥林嫂、閏土、白毛女、楊白勞、朱老忠……從書角跑出呼曰：顛倒史實！幸勿上當！欠我血

債，仍未還清！軾忙合書問：「書曰何名？」對曰：「《還香團》，還我溫香團圓也。」軾叱曰：「歷史焉可逆轉！豺鬼　可與謀！還不快快現形！」遂舉鏡一照——

乃血肉心肝全無之骷髏，推之嘭然散地。軾大笑曰：「幸照妖鏡遺世，魅魎魍魁，方能原形畢露！」笑而醒，醒而臥於如枯骨之柴薪，地上稿紙紛飛，盍野風入窗，吹散一地。

巨松靈聖

粵梅州書生李聰，滿腹詩書，然不識羨名利，常謂欲効許由、陶令。慈禧五年，京城賣官鬻爵，不學無術者當道；作案犯科，無恥文人濫竽。村民謂李聰曰：一城烏煙瘴氣，先生理應赴考，以期一道曙光，一陣清風，激濁揚清。又光宗耀祖，我村予有榮焉。聰曰喏，然道士勸曰：「未可。東北陰霾聚集，須待百年之後。」聰　聽，籌少許盤纏上路。

時值十月，序屬三秋。路途崎嶇，山遠水長。眼見夕陽西下，枯藤老樹，昏鴉聒噪，不禁長歎：眾鳥已歸樹，旅人猶過山，苦呀！正愁無處棲身，卻見破廟一座，無奈入內。蛛網纏身，晦氣濃厚。以袖拂石欲睡，忽叱聲四起，驚覺，已遭嚴實捆綁，身置無底黑洞。洞有石台，坐一怪物，毛皮裹身，嘴尖牙利，厲聲叱曰：「階囚者誰，不自量力，敢赴京應考？」聰答曰：「汝何方神

靈，阻餘赴試？」怪曰：「秦之新科狀元符進。」聰問：「可有憑證？」老怪令小妖遞文憑予聰。聰視之，書曰：「茲證明符氏乃秦二世開科取士之本科狀元。」聰笑曰：「秦焚書坑儒，開科取士乃自隋、唐始。謬也，假也，騙也！」怪惱羞成怒，拍案起身，露出蓬鬆尾巴，曰：「譭謗譭謗，問吊之！」眾小妖推李聰出洞，老怪與妾伴身，狀甚親昵。

以絞索套聰頸，一端拋上巨樹橫柯，正欲拉吊，忽電閃電鳴，霹靂一聲，絞索劈斷。萬丈毫光中，一巨人披鱗皴盔甲，頭戴翠羽，厲聲叱曰：「妖魔誣陷好人，快快現形免死！」聲震群峰，萬壑回應。電光火石中，一千年老狐匍匐于地，巨人以氣一吹，化為輕煙散去。其妾哀求曰：「老身原陽間舞姬，老狐化瀟灑書生，勾引妾與之同床嬲接，眾學徒悉同為驅使犯科，悔之莫及，乞回陽重新做人！」

巨人又一吹氣，半老徐娘率蝙蝠、蜘蛛、飛蛾等，還原為老幼百餘眾人，拜謝散去。

聰如夢初醒，忙叩謝救命之恩。台望眼，焉有巨神？只見一參天巨松，迎風接日，蒼翠挺拔。蟠根之巨石有篆刻，字甚遒勁，細辨：乃梁・吳均之《詠慈姥石磯石上松》詩一首。詩曰：

> 根為石所蟠
> 風雪無所畏
> 賴我有貞心
> 終淩細草輩

聰屈指一算，古松逾千五百年矣。

＊南朝梁，蕭衍（梁武帝）所建，西元502－557
年，都建業（今南京）。

吳均（469－519年）字叔庠，故鄣（今浙江吉
安縣）人，歷宋、齊、梁三朝。詩綺麗，時有剛
勁清新之作。此詩第二句原為「枝為雪所碎」。

老　樹　作　怪

　　香江某鄉，有一樹，齡百五十餘歲，傳清・道光二十二年英
夷佔領香江時栽為紀念。因培以鴉片坭，熏之鴉片煙，遂落地生
根，成長快速，幹合圍，葉繁茂。百年間，遺老見之，鞠躬頂禮；
糊塗青年，縈小橙，系冥鏹，拋上枝椏，求得好運。眼見崇拜日
隆，更肆無忌憚，氣根落地為幹，方圍十畝仍欲蔓延。樹既成蔭
蔽，聚賭、走私、販毒、招嫖者，皆逍遙法外。更甚者，有文人
為求靈感，夏日坐樹蔭下冥想，則「懷楊賦」、「泣皇后」詩文頓
成。神乎？真也。樹曰洋楓，又曰阿輿樹，盍西風來，樹挺拔若
巨松；東風來，則哈腰如細柳。正人君子鄙之。

　　樹又群鴉麕集，築巢屙糞，日間爭鳴，居民　勝其擾。一日，
二死鴉墜地，檢驗之，即為H5N1病毒。眾人揮竹竿敲鑼鼓驅逐，
樹上爭鳴益甚。更怪者，百年未見開花，西元一九九七年春，開

花結果，紅綠雜間，狀如蘋菓。有人食之，昏昏然，悔做中華人，羨當洋奴鬼。夜靜人寢，樹又有聲竊竊私議，如蟬如促織如蜂蝶振翅，如歌如泣如人言鬼笑。諦聽之，一曰：「余爲淩霄樹，爭光兢攀附。」一曰：「周身有肥膏，結緣暫纏牢。」又一曰：「洋楓大洋洋，白熊倚冰山。」更有一稱文人實爲猢猻借杜詩曰：「攀龍附鳳勢莫當，天下盡化爲侯王。」百姓厭其擾民，學者恨其無良，教師怕其遺毒，學子驚其禍害，遂合力揮鋤掄鏟，深挖刨掘，然盤根錯節，伸越港九，深十餘丈；更可惡者，枝柯與樗木、空心樹、假文柏糾結，幹傴僂纏滿攀藤、毒葛、野寄生；數名護道者以「環保」爲名維護攔阻，而鄉宦迂腐莫之能決。

　　一學者倡議：毒樹難除，不如栽新樹與之抗衡，衆曰善，遂選來紫荊花相向種之。越明年，葉圓心，花五瓣，藍紅混化，濃　淡，清香四溢。只見紫陌通衢，紫氣東來，紫燕由京畿飛至，歌紫笛曲，曲曰：「紫荊納日月，芬芳排斗牛」；「仰瞻南方紫樹高，祝願香江無波濤」。衆咸呼萬歲！

　　一晚，忽轟然似敗革落地，衆舉火照之，洋楓老死倒塌。察之，肉已盡，心已空；纏身之寄生藤、淩霄木、攀附物、變色龍、醜烏鴉悉碎裂散地。引火燒，化一縷濃煙，漸漸散去。空清見明月如鏡，星如鑽石閃爍。

　　村遂安，紫荊綻放，一片祥和。

霍喜嫖姚

　　香江有書生霍喜，字嫖姚，祖父因喜得孫男爲其定之名字。既長，賴祖業，恥與博學貧困書生交友，喜巴結富家子弟爲群，在於綺襦紈袴之間鑽營；好讀書，　求甚解；好色，見美擒擒青。人問：何謂喜嫖姚？霍莫名其妙。

　　一日到鵬城，人煙輻輳，車水馬龍。至東門，有女子尾隨搭訕曰：「君楚楚，如玉樹，交友乎？」霍視之，色殊麗，肌如脂，婀娜顧盼，秋波流轉。心動，問曰：「卿何名？操何業？」女曰：「妾姚冶，住章台街花柳巷，業青樓歌女，敢問君名？」對曰：「餘名喜，字嫖姚。」女巧笑曰：「姻緣前定，佳偶天成。妾欲與君歡，長命無絕衰！」霍以身就之曰：「從何言起？」答曰：「妾姓姚，君喜嫖姚，豈非天合！」霍心花怒放，自忖祖輩有先知，今果桃運來；雖已有一妻一妾，然齊人之福，狎之何妨。遂與女登青樓，上花床，同錦被，擁美人，嬈接如狼似虎。正銷魂之際，忽嘭然一聲，二公差排闥而入，斥責曰：過境狎妓，依法不容！遂捆縛。霍顫慄如篩糠，跪地求饒。

　　時漢·驃騎將軍于狼居胥山與孫武子對奕，忽心血來潮，孫武屈指算曰：「霍裔有難，不肖子孫汙先輩名譽，水洗不清矣！」將軍忙對空呼曰：「張果何在？」張果應曰：「小仙於鵬城雲端，

將軍有何吩咐？」遂托順道解救霍喜。

　　張果老由空中降落，倒騎小驢背於街上蹣跚而行。至花柳巷，下驢，手一指，驢成紙驢，折疊納入袖中。念念有詞，化身爲綠軍裝三紅星上校。二公差正押送女妓、霍喜下樓。上校喝曰：「　學無術，貪淫作孽之輩，交本官處治！」公差點頭哈腰，牽一媚狐而去。霍拜謝，但見上校已化成仙，頭挽髻，插玉簪，披長袍，倒騎紙驢冉冉升空消失。霍追數步，空中飄下一紙，字曰：

　　借問大將誰，恐是霍嫖姚

　　總說霽雲能慷慨，兼聞去病最嫖姚＊

　　霍展紙撓耳扒腮，不解其意，忽有所悟云：病才去，能嫖姚，服威而剛乎？！

＊　前二句見杜甫《後出塞》詩之二；後二句見金・傅若金《題
　　張齊公祠》詩。

青 蓮 伏 妖

　　青蓮女，閩南武夷人氏。幼得慈母、嚴父、賢師，七歲能文。某日，父攜女春遊武夷九曲溪，問乖女可即興賦詩不？青蓮遂吟誦曰：「輕舟剪破清流，喜春遊。兩岸桃紅柳綠鳥鳴啾。山光美，波光爍，意悠悠。難得新歌一曲滑嬌柔。1」父知新詞調寄《相見歡》，益寵愛。及笄，移居香江，讀寫愈勤。既婚，暇日習劍、

彈箏、賦詩，三二年間，詩詞付梓逾十數冊，盛譽文壇，國外爭相傳譯。

一日，青蓮於園中散步，見紫荊盛開，五瓣舒展，淺紅澹雅，遂吟詩曰：「澹紅凝港魂，麗色激情奔。花影舒心島，芳情爛熳村。回歸邦雪恥，盛世史留勳。兩制揚新意，區旗映海曦。2」正研墨展紙，一鼠沿桌而上，打翻墨罐，白紙漬黑，不能書寫。連數日，逢鋪紙寫詩，鼠輩時而滋擾，時而於夜間將詞箋嚙破。春晚，青蓮焚香拜月，調柱撥弦彈箏，唱道：「燕初忙，鶯婉囀，簾卷輕寒，玉手調箏雁。3」又有一物，狀似貓，由草叢竄出，撞倒箏架。青蓮與鄰人、花農鋤掘，洞深無底，不能獲。

丙戌之秋，蓮於月下舞劍，歌曰：「沖天鵬翅闊，報國試鋩鋒。劍氣排星斗，文光射日紅。4」忽風起，濃雲礙月。朦朧間，林陰鬱處，綽綽一影偷窺。蓮問：「是人是賊是鬼，請相見。」影漸顯：披道袍，戴方巾，執拂塵，道貌岸然。蓮收劍躬身問：「先生有何教諭？」先生遞名刺，曰「孟或」，答：「貧道孔孟化身，朱程靈竅，護道之士。適聞小姐彈劍而歌，食無魚乎？」蓮亢然曰：「生當為人傑，不作劍歌鳴！」道士曰：「男尊女卑，三從四德，乃數千年傳統，汝不安份守紀，舞文弄劍，成何體統？」蓮辯曰：「古有木蘭，替父從軍，楊門女將，數代忠烈；女史易安，詞麗清婉，鑒湖女俠，以身殉國，豈腐儒者可匹？」道士叱曰：「大膽小女子，克己複禮，三綱五常，忘之淨盡。汝既為人婦，該當箕帚，於家中相夫教子。今忤逆，速俯身受縛！」青蓮曰：「時至千禧年代，還奢談禮教，封建毒素，到處散佈，污蔑

攻擊，包攬詞訟，外表斯文，行若狗彘！」道士圖窮，揮動拂塵，向青蓮掃去。蓮　示弱，挺劍護身。一時間，陰風陣陣，陽氣團團。忽嗖一聲，蓮劍鋒一削，拂塵毚尾齊斷。道士氣急敗壞，棄拂塵，伸左臂，見魔爪，舉右腿，露狼腳，餓虎撲羊欲逮青蓮；蓮劍鋩風馳電掣，道士左臂右腿各兩處受創。宜將剩勇追窮寇，青蓮金雞獨立，劍鋒一挑，道袍飛脫：乃一負傷斷尾老狐。即以大鵬展翅之勢捕捉，狐化一縷黑煙，向太平山飄去。地留名刺一張，「孟或」卻成猛或，左右兩撇劃，猶留血跡。

　　格鬥聲驚動鄰里，執火把揮鋤湧至相助。青蓮曰：「妖狐遁矣！」率眾追至太平山下。見地有爪印，尋之，至大道中，一老樹瘤節糾結，塊根處有數穴，眾張弓布羅網以待。數人荷插且掘且熏。少焉，有負傷老狐，率小狐、蛇、鼠妄突圍，遂一網成擒。

　　注1、2 參閱女詩人蔡麗雙詩詞集《古韻新聲》P120《相見歡‧春遊》及 P112 詩《吟紫荊花》，詩之引用，略刪節成五言律。

　　注3 見元‧張可久《迎仙客‧春晚》曲。

　　注4 由唐‧韓愈《送汴州監軍俱文珍序》及太平天國‧石達開《白龍寺題壁》詩各二句合成。為求字重覆，筆者略改二字。

錢 七 垂 釣

　　昔有魚曰錢魚，長數丈，重逾噸，銀鱗閃光，如錢覆蓋，產錢塘江。錢魚性貪，嗜吃錢，以補鱗甲之脫落代謝；又行爲狡猾，網難捕獲，唯用釣與之鬥智。若獲得市之，鱗可換銀十萬兩，肉美如吞拿。然錢魚一死，腥臭難聞。惜垂涎者如蟻附膻，曾有一人，守十年釣一尾，而由貧變富。

　　今有錢七，錢湖（浙江西湖）人氏，人稱錢癡，守錢塘江垂釣，夜以繼日。一次，見水下銀光閃爍，以爲有錢魚遊近，忙拋錢餌。頃浮標移動，忙絞輪收線，錢失無魚。再上錢一串，浮標沈，忙斜竿拉起，覺沈重，暗喜；釣起者乃水草一束，串錢也亡。其一而再再而三，眼見錢袋已空，遂回市高息借貸，釣餌加逾萬，空手回。索性孤注一擲，傾家蕩產，意欲一博！

　　八月既望，赴錢塘觀潮者，車水馬龍，填街塞巷。錢七與十余癡錢魚者，料此際錢魚定隨波湧至，早選江之入口險隘處下釣。有頃，見江面銀線渺渺由遠而近。錢七呼曰：「錢魚至矣！」幻覺中有魚上釣而　見江潮玉城雪嶺際天而來，剎時聲如雷霆，勢如山崩，沃日吞天湧至。眾驚呼爭相走避，踐踏狼藉。半晌潮息，煙消波靜，水面僅有船舫碎片漂浮。錢七與其他釣徒早失蹤影。

　　《浮世述異》曰：錢七者，今有增無減；錢魚者，今已換大鱷；江潮者，似股災乎？欲以小博大而　能罷，終被吞噬，惜哉！時丁亥除夕。

陽　石　應　驗

　　有大吏胡崇男，妻鄭氏，家頗豐裕，產五女，無息子爲憾。一日遊太平山，見石臨崖突出，偉岸堅挺，人稱「陽石」。鄭氏撫摸，感應如觸電酸麻，禱曰：「妾願化陰石，祈生一男足！」胡也撚香祝曰：「莫生女，生女如瓦　值錢，生男如璋一當萬！」是晚，胡妻于蒙朧間，見一雄壯裸男入室，高丈餘，胸肌厚闊，血脈賁張，陽具拔起，堅硬粗豪，壓身與之交。胡妻氣促，下體疼痛欲裂，大呼救命！夫問，妻告之，忙擁而慰撫鎮驚。兩月後，鄭氏孕，驗爲男胎，大喜！

　　產日，腹隆如大鼓，忙送院。半日　能出。大夫盡所技催生。產男巨嬰，重十磅，而鄭氏流血　能止，死於血崩。

無 臂 老 三

　　深圳有一丐，眾稱「無臂老三」，以嘴銜筆，作草書行乞。筆老墨秀，挾風雷之勢；縱橫恣肆，如疾走龍蛇。問何名，曰：「風行露宿　知貧，明月爲心又是身。欲問月中無我法，無人無我問何人？[1]」自謂無窮途路，無情風雪，無根行客。

　　老三非生而無臂。鄭姓，魯省冠縣人。少失怙，地貧瘠，掄鋤揮鎬，不能一飽，遂跋涉二百餘裏，至縣城覓得廚房洗碗一職。越明年，鍋爐爆炸，失雙臂，遂流浪行乞。一日，經浙江蘭渚山，峰回路轉，忽見茂林修竹掩映。步入，怪石嶙峋，飛流急湍，映帶左右；蔭鬱處有一亭，少長咸集。中有一人，危冠博帶，奮筆疾書，少焉成篇，乃《蘭亭序》也。酣暢淋漓，其勢飄若浮雲，矯若驚龍。老三歎爲天成，問其訣竅。答曰：「逸少之書，非天成也，盡其所能，精力自致耳。後世未能及者，其學固少也。昔張芝臨池學師，池水盡墨。使人耽之若是，未必後之也[2]。」問技法，逸少曰：「夫紙者，陣也，筆者，矛也；墨者，鍪甲也，水硯者，城池也；心意者，將軍也，本領者，副將也，結構者，謀略也[3]。」言訖贈一管，老三方跪謝，清風過，已失人物蹤影，銜之乃青竹一枝。自此寒暑　輟，揣摹逸少口訣，牆壁沙堆爲紙，銜筆管，日夜疾書；唇齒爛，頸歪斜，目眥裂，腰劇痛，禿筆成

塚。正是：頑石點頭爲情動，風豈能搖久定心。看無臂老三，邊寫邊乞，以口奮書乞食；觀其行書，龍蟠鳳翥，虎躍鷹翔：橫劃力能扛鼎，垂針直若繩墨，結體或大小，或濃澹，或疏密，或潤澀，或倚正；口銜四寸小兔毫，俯身寫小楷，秀逸如天上白雲，草原花朵；口咬五尺大狼毫，水桶醮墨水，「龍」字頭汲海，尾部隱雲霧，老辣如萬歲枯藤。圍觀如堵，讚歎　絕；施捨投壺，月入二萬。無臂老三成富裕乞丐，名聞邐迤藝術家。

丁亥之冬，江南江北，千里冰封，萬里雪飄。電塔倒，交通絕，滯留深圳車站不能回鄉渡　民工數十萬。淒風苦雨，饑寒交逼，凍餒者逾百。「無臂老三」將乞得之二千陸百零陸元，購即食麵八十四箱共一千零捌碗，托監管官員分發予民工食用。熱麵落肚，暖流湧至，心一熱，眼爲之濕。衆呼曰：無臂老三，有愛人間！

老三曰：「少陵秋風茅屋，而有廣廈之願，希文斷虀畫粥，而有先憂後樂之志[4]，取之社會，回饋社會，理所當然也。」[5]

> 注　1　詩句見唐·鮑溶《贈僧戒休詩》。
> 　　2　參見宋·曾鞏《墨池記》。
> 　　3　見晉·王羲之《題「筆陣圖」後》。
> 　　4　引自清·馮桂芬《潘紱庭京卿五十壽序》。
> 　　5　此文根據 2008 年 2 月 1 日香港《文匯報》簡聞改寫。

凶宅驚魂

　　天水圍天耀邨某座 24 樓某室，房署列「凶宅」。曾有入住者稱，夜常聞異聲，故空置三年。有鍾勤者，性倜儻，不信邪，與新婚妻范愛租入，月餘無異動。鍾曰：「人自多疑，心生暗鬼耳。」范氏也曰：「平生　做虧心事，半夜敲門也不驚。」

　　丙戌中秋，夫婦賞月回，月餅二盒置大廳桌上。至零時，聞廚房有碗碟聲。一孩童曰：『媽媽，我餓，食月餅。』婦曰：「非我物，不可動！」後喋喋不休，不知所云。鄭觸妻醒諦聽，無動靜，疑錯覺；起身趿鞋出廳開燈，一切如常，心遂定。三日後，也深夜零時，又聞人語。鄭決意查水落石出，聘電工于廳上裝暗紅燈一盞，板牆鑽一孔，以隔壁窺視。九月重陽，夫婦登高晚回，倦極欲睡，又聞童子走動。少焉，童曰：「八七多少？」女曰：「八七五十六。」曰：「家姊，我肚餓！」家姊曰：「毋躁，待媽回，有飯矣。」鄭于壁孔外窺，暗紅燈下，赫然見一男童赤足走動，一少女伏案寫字，狀甚專注。俄頃，大門開，一婦逢頭垢面，形容憔悴，傴僂拖紙皮、汽水樽入。童曰：「媽媽有飯否？」婦悲曰：「廢物難售，明日又交租期限，媽養不起你！」姊曰：「乖弟，讓媽歇息。」婦人泣曰：「怪你父梟情絕義，致妻兒于不顧！」遂手牽小童至窗邊，嗚咽曰：「小弟，媽媽與你去死！」遂抱童

臨窗。童小手緊握窗框求曰：「媽媽我怕！」婦曰：「勿怕，媽與你同去極樂世界。」言訖，口咬長髮，扳開童指，將親兒拋出窗外，回首顧女曰：「小妹你自處了，媽與弟去也！」縱身向窗外跳下。小妹大喊：「媽媽等我！」鄭開房門奮不顧身追出撲救，但見黑影如長尾鳥飛出窗去。鄭撲空，大慟，伏桌痛哭。妻范愛驚栗，以被蒙頭哀聲啜泣。鄭　肯罷，近窗尋影，唯見樓下如萬丈深淵，除遠處有藍光似磷火閃爍，乃大富豪公司之廣告牌，一切皆空。

　　翌日，鍾勤往辦事處查詢，答曰：昔為何忍四口租住，何往內地納妾，棄下妻兒。李氏獨力難支，精神從此恍惚。曾勸申領綜援而數拒。前年除夕，三母子于夜間墜樓。言訖　勝唏噓！鄭不可罷遂查其殮葬地址。

　　于和合石，鄭夫婦荒草間尋見簡陋墓塚，見碑刻字：

何門李氏娟貞暨子少俊女少君之墓

　　置三牲粿品及紙錢於碑前，三鞠躬，祈三母子安息。范愛另購紙俑二個：男俑寫「負心漢」，女俑寫「妖狐女」，與冥鏹溪錢一併焚化。

　　當晚，鍾氏夫婦心稍寬鬆。漸寢，走廊有腳步聲，婦人輕聲曰：「向叔叔阿姨致謝！」男女童齊向房門小聲曰：「謝謝叔叔阿姨，再見！」宅從此久安。

　　有感於天水圍悲情屢生，鍾勤范愛逢假日即當社區義工，訪貧問苦。後生一男一女，四口恩愛溫馨。

新 孟 嘗 君

　　葉君，今人，某市文藝會會董，自謂體物察情，人畜俱羅致之，欲效孟嘗君，名聲日噪。有無業遊民林某呼曰：「食無魚！」即予魚食；又歌曰：「出無書！」即以公帑助其出書，示以黨同伐異。張生有日產錦鯉，色彩斑斕，值十萬金，贈之。次日遇，問：「錦鯉美乎？」曰：「美！肉嫩翅爽，誠東瀛之和味！」李生來訪，牽日爾曼狼狗，威猛雄壯，葉執意求割愛，自謂識名。二旬遇之，問：「狗熟乎？」曰：「熟而燉，香肉壯陽，令老夫梅開二度！」李愕然，悔之莫及。

　　衆咸呼爲「葉公」，葉曰：「葉公好龍，真龍入室，何懼之有？化之爲蛇，則蛇委婉從矣。」詩人求見，葉問：「詩爲何物，抱布貿絲乎？」遂贈以絲獲見。有小號手來投，問：「小號如何能響？」曰「吹」，撫掌稱善。有攝影師求入會，問其技，曰「拍」喜而納。有琵琶手來見，問其指法，曰「挑撥」大喜捧爲上賓。鋼琴家至，葉聞「彈」字，怒而逐。而小提琴家運弓，有「拉刮」弓法，則予讚賞。小說家入會，曰：「小說小家子。」改寫「大話」而網羅。於是有無幸史學家、戲劇家，指黑爲白，顛倒史實，寫《新王子復仇記》，爲其樹碑立傳，賞百萬金。

　　《浮世述異》曰：學士之于良友，賢君之於良臣，似唐太宗

者,引英雄入轂耳。孟嘗君食客三千,雞鳴狗盜皆羅致之,以不時之需也。葉氏 識錦鯉名狗,詩文一竅 通,囊刮搜羅,爲名也,爲文也?文人雅士,能不省乎!

一 介 書 癡

有書癡徐氏,一生癡書,每有喜好之新、老書藉出版,平裝、精裝、線裝、簡裝,聞風而動,似蜂蝶嗅花香飛至。捧回,打開書本,墨香撲鼻,閉目陶醉。徐氏又自認「書淫」。曰:「余學晉・皇甫謐,或兼夜 寐,或臨食忘餐,或 覺日夕,方之好色,號餘曰書淫。」又搖頭晃腦吟曰:「花落青苔錦數重,書淫 覺避春慵」。此爲五代・劉兼《晝寢》詩句也。

徐氏癡書,一刻不讀,昏昏欲睡;一旦開卷,神彩飛揚。稍有得,稍 解,稍懷疑,即畫號,或讚賞,或批評,或改動,或旁注。君不見,浩如煙海之《資治通鑒》如被蚯蚓翻過,字泥細軟,評語如巨樹下植滿名花異草;唐詩宋詞,圈點旁白,提議改動,曰「讀活書,讀書活。」徐氏家有書萬卷,壘滿四壁,疊至天花,唯一桌一椅一燈一鏡,已無空間。一日,聞《四庫全書》七萬九千三百三十九卷新印發行,口袋無錢,即托地產經紀放盤出售書屋。經紀問:「書屋出售,人書安置何處?」徐氏啞然。徐氏年逾六十不娶,問如何安慰孤獨?曰:書中自有黃金屋,書

中自有顏如玉。一晚讀易安詞，忽聞少女笑聲，尋見花園有一靚女，蹴罷鞦韆，香汗淋漓。徐氏上前問訊，女羞態可掬曰：「妾易安。」遂棄履掉釵，躲向後牆，回首嗅著青梅嫣然一笑，爲之神奪。一晚讀梅裏美《伊勒之維納斯》，蒙矓間有金髮碧眼洋女，體態婀娜，擁吻纏舌，纏綣柔情，可堪回味。

徐氏一身唐裝，春夏秋冬三十載　見換新，三餐清茶淡粥，昔年之薪水退休金及政府發給「生菓金」，全用來買書。人疑其走火入魔，徐氏高吟陸遊《貧苦戲作》詩曰：「箕踞浩歌君會否，書癡終覺勝錢癡」，「人生有病有已時，獨有書癡不可醫」。眼著書疊至屋頂搖搖欲墜，遂以枯瘦如柴之身頂之，轟然一聲，逾頓書藉塌下，無人知曉失救而亡。

嗚呼，魂斷書山，爲書殉情，書癡已進入書鄉，與書中歷史、人物、情節，化爲一體，也瞑目矣！正是：書似青山常亂疊，燈如紅豆最相思！

色 慾 都 市

香港色男程冠嬉，日夜做色事：白日黃昏，以黃金年齡，當黃鼠狼，騙黃花閨女，献黃金軀，灌黃滕酒，摸紅酥手，演滿園春色宮墻柳，拍成黃色慾片，讓人傳播。結果黃貓黑尾盡露，一枕黃粱，去如黃鶴；空留數隻黃鳥，懊悔莫及聲啾啾。

尖砂嘴有露臀舞孃芝蒂，露臀袒乳，引俊男做一宿露水姻緣，汲風飲露，唱「露紅烟紫，儘有猜情鬥春早」。結果：女是露花敗絮，男是草上朝露，或露宿街頭，不亦可悲乎！

拉斯維加斯賭場有妖姬黛利拉，彩服華麗，燈光奇幻，長髮隨舞步飛揚。媚眼拋，蛇腰扭，乳峰聳；肉光四射，肉香迷人。大力士參孫難敵肉慾，被割下具有神力頭髮淪為囚徒。（見《聖經舊約‧士師記》）中國青樓、花柳巷、藏春閣；外國色事窩、夜總會、銷金巢如百老滙、紅磨坊、荷李活；舞有桌上舞、鋼管舞、肯肯舞、脫衣舞、真人騷；劇有舞孃、性愛、色戒……總之是賣弄色相、導演色情、推銷色慾；慫恿縱慾無度、慾水橫流、慾壑難填，最後染愛滋、花柳病，慾火焚身……

嗚呼！色慾都市，如旋渦，多少色慾男女，葬身慾海，何時省覺？！

嬌娃爭寵

一晚，書生韋剛將寢，忽聞後園竊竊私語，如鶯啼，如蟬鳴，如促織聒噪。異之，起身掀一角窗帘竊視：只見霓裳雲影，環珮叮噹，粉香四溢，艷光四射。眾多美女齊集園亭，生疑為狐鬼、花妖、柳精作祟，屏息窺其動靜。

坐於中央之一女，皇冠巍峨，威儀凜凜宣曰：「眾妃為滅昏

君淫帝功臣，今之盛會，乃競選最傾城傾國俏嬌娃，以昭史實，令為人君者以史為鑑，知興亡與女色結緣。如朕者，太宗警式，僅封為才人，賜名武媚，駕崩前貶入寺為尼，恐太子躭女色而荒朝政也。誰料高宗見朕姿態斌媚，復召入宮，冊封為妃，縱慾無度早崩；中宗立，朕臨朝稱制，廢中宗、睿宗，自立為帝，改國號為周，名為曌，如日月高照天空也。好色皇帝造就朕成幾千年第一女皇。男人皆骨牌，一推即倒。」

言訖，一冷艷美人曰：「妾褒姒，性 Cool，不愛笑，然一笑傾城。周幽王求妾笑而萬方　可得，乃舉烽火召諸侯，博妾一笑。後外敵入寇，告急，王令舉烽火，諸侯以為戲，不至，幽王遂被殺。妾以一笑滅周，不亦輕而易舉乎！」

一衣着前衛，袒胸露肉之美姬起身曰：「妾以肉迷紂王，更屬香艷。昔紂王喜妾肉香，設肉林酒池，由妾率眾宮女裸體戲於王前，任其魚肉。昏君沉迷色慾，殘殺忠良，終於被戮。妾之功較姒姊大矣！」言畢即欲脫衣裙扭臀。則天皇帝曰：「此地無男人，汝欲作斷背山之戀乎？」生猜度：艷女莫非妲己！

一美女色殊麗，齒殊白，肌如脂，婀娜窈窕，趨前曰：「《莊子・齊物論》謂：毛嬙，麗姬，人所美也。戰國・宋玉《神女賦》歌曰：毛嬙鄣袂，　定程式；西旋掩面，比之無色。是以妾比神女也。」武皇視之，乃西施也。曰：「欲把西湖比西子，濃妝淡抹總相宜。西子功高，富傳奇，請言美績。」西子曰：「范蠡君以妾之美，迷吳王夫差，終為越王勾踐復仇興國。勾踐猥瑣纏妾，然西子傾慕者，范君耳。遂與其隱姓埋名，泛舟五湖，逍遙快樂。

唐‧韋應物誇妾詩曰：艷色天下重，眾女安得妍。」

　　其語一出，眾美譁然。只見座中一女，披貂皮，插雉毛，手抱琵琶半遮面，開啟朱唇曰：「西子滅吳有功，怎及妾和親匈奴安漢邦於和諧盛世？當呼韓邪單于入漢要脅犯邊，妾自請和番，只一兩晚使單于軟服。單于驃悍，見妾成綿羊。犧牲小我，完成大我。妾冒雪於大漠風沙，誰能及之！」武皇曰：「昭君出塞，歷代詩詞戲曲，愈唱愈新。老杜也詩讚曰：一去紫臺連朔漠，獨留青冢向黃昏。可漢昭帝後悔，連畫師毛延壽及畫工皆棄市。今競賽乃美色亡昏君事，王墻似言不及義。」昭君　服曰：「若昭帝知妾之美，不亦早亡乎？」遂高聲曰：「妾青冢今在呼和浩特南郊，誰猶能留迹留名！」

　　座中有女輕盈如燕，翩翩飛起。眾視之，趙飛燕也。飛燕嬌嗲曰：「妾漢成帝皇后也。舞姿美，身輕盈，能立於男子掌上跳芭蕾。故南朝‧梁成帝《戲作》詩曰：長袂必留客，清歌咸繞梁。燕趙羞容止，西、妲慚芬芳。」言訖，妲已、西子同聲抗議：「飛燕骨瘦如柴，借詩抬自家身價，貶他人之美，構成毀謗！」武皇忙中裁曰：「飛燕小妹放肆，請自律。燕瘦環肥都美，玉環何在？」

　　此時楊貴妃顧盼流轉，秋波似水，欠身曰：「玄宗皇帝因妾回眸一笑百媚生，六宮粉黛無顏色，因而芙蓉帳裡渡金宵，君王從此不早朝。妾之美，用一句：春寒賜浴華清池，溫泉水滑洗凝脂；侍兒扶起嬌無力，始是新承恩澤時即已足矣。以後安史之亂，唐帝國將亡；妾死於馬鬼坡，唐死而回生。讀白樂天之《長恨歌》，便知妾之長恨水長東！」言訖淚盈於睫，眾女唏噓歎息。

　　沉默片刻，馮淑妃起身曰：「玉環姊姊之羅曼史感人。蓋君王好色，常常朝三暮四，似唐明皇之痴情者少。北齊‧高緯亡，僅為妾玉體橫陳而喪權辱國。商隱《北齊》詩曰：一笑相傾國便亡，何勞荊棘始堪傷。小憐玉體橫陳夜，已報晉師入咸陽。」花蕊夫人滿頭花朵，華服綴滿鮮花，起身曰：「小憐所吟極是。後蜀孟昶，寵妾而　思治國，宋軍一到即潰，故妾有詩為證：君王城中豎降旗，妾在宮中哪得知。十四萬人齊解甲，寧無一個是男兒？」言訖輕蔑之色微慍。

　　此時又有俏嬌娃嗲聲嗲氣，櫻口吐香曰：「諸位妃姊各有魅力，然豈及妾一箭雙雕也？」眾視之，貂蟬也。貂蟬青春媚態十足曰：「各路諸侯不能殺董卓，妾能殺之；劉關張不能勝呂布，妾能勝之。美目是力，甘詞毒藥，淚水迷魂，衽蓆戰場，男人難敵！」言畢笑聲如銀鈴。眾女曰：「貂蟬姊姊一石二鳥，誘力歎為觀止，宜上榜首！」亭外圍觀要求參選愈來愈多，計有陳圓圓、李師師、卓文君、杜麗娘、潘金蓮、李平兒……武皇宣曰：「汝等或為歌妓倡女，或為平民婢妾，怎及王妃貴戚？只有捧場，許參予！」引起口哨噓聲。

　　忽然軍鼓擂動，只見一人，戴紅星軍帽，着草綠軍裝，束軍用皮帶，由二名金髮碧眼洋娃陪同，竄入會場高聲曰：「眾妃所言，皆封建毒素，必須批判。本女皇江青，才是亂國冠軍。毛詩曰：暮色蒼茫看勁松，亂雲飛渡仍從容。天生一個仙人洞，無限風光在險峰。我勁松一株，仙人洞一個，有無限風光，引亂雲飛渡。文革十年，殺人無數：主席劉少奇，元帥賀龍，大將羅瑞卿，

連總理也敢拉下馬，誰能比併？」碧眼萊温斯基曰：「環肥　及我肥，妲肉難敵我肉。一次偷情，克林頓總統倒了。」說完出示裙子：「上有精液為證！」金髮杜雷普索性除衫露乳：「我是妓女，肉金三千美元。一次令洲長斯皮策 be defeated destroyed！（身敗名裂）」言畢由江青率領，揮動手槍，登臺欲擒武皇。則天皇帝驚呼失魂，大叫一聲「快逃！」遂與眾妃子消失於亭上。圍觀者也一哄而散。

韋剛頓足，怒不可遏，舉棍追出，欲擊江青。啪一聲，棍斷兩截，定神方知擊中假山岩石。夜色如水，但見園中似花非花，一派朦朧，終歸沉寂。

安　寧　心　事

陽光和煦。安寧牽雪白駿馬於庭園漫步。亂花迷眼，淺草如絨，蹄觸地故無聲；早鶯爭鳴，春燕低飛，女黯然而有待。白馬白馬，遠望山重水複；別離別離，歎柳色含煙如織。白馬主人，君子于役，如之何勿思！

頃回馬厩，白馬巍峩，神態俊邁，濃郁眼神深遠而悠長；黑裙安寧，若有所失，清澈秋水含蓄且温婉。兩相對視，融合銜納，恰似一雙。安寧難抑波動，以華貴裙裾，兜滿麥稈，依偎馬首。馬含情脉脉齕嚼，女意動神流纏綿。復而擁抱馬頭，撫摸面頰，

櫻唇貼馬唇輕輕一吻……白馬意會，前蹄下跪，馱起安寧。先是慢步，踱出庭園，隨即四蹄迸散，如一朵白雲，系一縷黑紗，飄向天際，飄向南北炮聲隆隆，硝煙裊裊戰場……

——見十九世紀美國著名油畫《心中的秘密》而作。油畫作者：Enoch Wood Perry。（該畫見 2008 年 5 月 3 日《大公報》藝術版

春　滿　蝶　愛

　　這天回家晚了，老王照例是不煮飯，一下車就向樓下快餐店裏鑽。星期六，人流旺，生意紅火，好不容易才輪到自己。他要了一份茄汁焗豬扒飯，一杯熱奶茶。可是，托着餐盤轉來轉去，總難找到空座位。這邊廂：年青情侶喁喁細語，慢嚼互餵；那邊呢，小朋友說：有人啦，媽咪買了就來。兜兜轉轉，尋尋覓覓，在一處偏僻角落，一個中年女人正在悠閒地吃咖喱薯仔飯。相連的對面座位空着，卻放有挂包和一袋水菓。老王托盤站着，不知如何是好。忽然，那女人站起來，將椅上物袋撤了，放在自已腳下，把餐盤挪一挪，眼睛示意老王——可以坐下。老王鬆了一口氣，向她哈一哈腰，一坐下，便舉起鐵叉，叉起巴掌大的豬扒張

口一咬，大嘴四周沾滿鮮紅茄汁，十足麥當勞叔叔和馬戲場的小丑。那女人看了，噗哧一笑，是笑這男人老狗的狼狽相吧！管她呢，狼吞了一塊，再叉起另一塊，正要下手——

　　「沒人像你這樣吃法！」女人指着老王盤上的鋸刀：「爲甚麼不用？」

　　這突如其來的指責，老王覺得尷尬。是的，放着鋸刀的現成工具不用，退化成蠻荒的馬騮了嗎！小心把老牙咬崩了，接受這善意的干預吧。老老實實把豬扒擺正，豎兩刀，橫兩鋸，切成四小塊，一口一塊囫圇吞，頃刻盤碟清。而女人呢，碟上的雞肉、薯塊還吃不到一半。嗯，她慢條斯理，輕嚼細品，准是不餓，或在男人面前假斯文。唉，如果她換作我老婆，肯定，堅決肯定會分一半過來！非分之想，自我調侃，傻兮兮一笑。女人白了老王一眼，好象猜透心事，放下筷子，把剩下的食物連餐盤，往老王的空盤一疊——這是甚麼意思？誰會吃你剩餘的食物？簡得是人格侮辱！老王站起來，用餐紙抹了抹嘴，向她點了點頭，皮笑肉不笑地走了。男人就是這樣粗魯，不顧女人的感受。也許對方有意，就像霧，只要等一等，清風到，吹一吹，靚景會透明的。但他不，要麼胡思亂想，要麼強行追求，霸王上弓，圖一時之快。五十來歲的人，還像十五六七少年，粗率、馬虎。至於這女人，似曾見過，但又想不起。她的面容爲何這樣熟悉……

　　老王也常「吾日三省吾身」，不過省歸省，江山易改，本性難移。事實上也沒人要他改。自從妻子因乳癌去世，至今四年，女兒也早嫁出成家立業。他自住蝴蝶邨蝶心樓，失去伴侶，沒人

督促，生活便慢慢懶散、隨便了。好像碗碟，早上吃了中午洗，中午吃了晚上洗，晚上吃了蟑螂洗。但也有好習慣：閒來寫寫字，臨曹全碑、王羲之、柳公權，讀二十四史；還有許多男人都難做到的，不抽煙，不喝酒，不嫖賭，唯愛養養花。小陽臺有競春蘿、紫羅蘭、百日紅，早晚淋淋水，嗅一嗅，幽香繚繞，引來一隻彩蝶，翩翩起舞，留連不肯飛走。女兒怕他孤寂，曾試探父親是否再娶，未見反應，便逢人稱爹哋是好「老豆」，送個4G新手機，可拍照，玩遊戲，聽廣播，賞音樂。朋友叫他續弦，或「包二奶」吧，老王說，花是美眷，手機是貼身二奶。女兒感動，便稱新手機爲爹哋「二奶」。

　　啊，忘了說那位干涉老王「內政」的女人了。不用說，她是毫無「內函」（修養），或者是厚臉皮，不怕醜吧，不然，怎可這般造次、隨便，教訓一個不相識的大男人，豬扒要鋸細來吃？幸好指責的也是見慣世面臉皮厚的老王，不然，豈不討個沒趣？不會的。她在社區中心是熱情義工，閒時常去給長者搥腰、搭背、按摩，量血壓、打針、教吃藥，大家稱呼她英姐。英姐也單身，住蝶愛樓，丈夫五年前開貨車，在港深公路車禍身亡。兒子婚後住香港仔鴨脷洲。英姐多少歲？保密。有道是，「女人三十一枝花，過了四十爛茶渣」。不，英姐熱情、樂觀，愛跳健康舞，Keepfit得條腰水蛇一樣軟，對波如剛出爐麵包脹卜卜。她眼看老王走了，追他的背影，發現這男人雖然粗率，不領情，但高大、壯實、威猛。他狼吞虎咽，兩塊豬扒一碗飯，沒消三分鐘掃清光，准是太餓了。爲甚麼不在家裏吃？老婆呢？兒女呢？這樣快吃會消化

不良啊……回到家裏，躺在床上，腦子總揮不掉這男人的影子，胡思亂想起來：一忽兒老公，一忽兒老王，鼻子一酸，眼眶便紅，晚上抱着枕頭，翻來覆去難入睡。她仿佛認識老王，可不是？晨運跳健康舞時，他——濃眉大眼闊嘴巴，走起路來叭噠叭。是了，他幾乎天天在她們這群女人身邊經過。就是他！

　　第二天一早，英姐如常來到蝴蝶灣公園大樹下。九月，秋老虎，燠熱。英姐穿貼身 T 恤，緊身牛仔褲，做着熱身操。不一會，女人們絡續到齊。音樂响起，和着節奏，邁開舞步。先是華尔兹，後跳 Chacha，箭步輕盈，弓步腰擺，蓮步細膩，十字步左顧右盼。她們燕瘦環肥，各有特色。也許養尊處優，或者已經「出身」（廣府話，即上岸），心情舒暢，臉上並無歲月留痕，卻都面皮手腳肥白。看她們舞得香汗淋漓，忘乎所以。唯英姐一邊舞，一邊注意從旁走過的男人。果然，老王走來了。他像往常一樣，早上散步，到榕樹下打四十八式太極。你看他，白背心，紅短褲，白波鞋，大踏步，叭噠叭噠走過來。此時，樂曲正好奏起鬥牛士之歌，節奏強勁的探戈，英姐全情投入：只見她，手拈紅絲巾，扭動水蛇腰，踮腳尖，翹豐臀，煞是動人。她要跳給老王看，引起他注意，君不見，母牛發情，就自己跑到公牛身邊廝磨。她把老王當蠻牛，用紅絲巾搧他；與其說勾引，不如說挑逗。啊不！不要說挑逗，而是在撩撥。可是老王呢，三兩步走過場，讓英姐搧了個空。對老王來說，一年三百六十日，他走過這幫女人堆何止三百六十次。英姐舞姿最輕盈，每天早上看一眼，加起來也三二百眼了。美，她實在最婀娜。老王暗自猜想：這女人年青時一定是大

陸的歌舞團團員，並給她起了個「宮雪花」綽號。當年宮雪花年過四十還參加「亞姐」競選。看她身材匀稱，眉眼含情，豐韻滿瀉，不恰切嗎！但，看是看，想是想。男人幻想，不足為怪。當晚，老王又到快餐店吃黑椒牛扒。他學教訓他的女人，「霸」個雙卡座，意在守株待兔，想要刻舟求劍。等呀等，機會渺茫，快快而歸。狠飲三樽藍妹啤，熱力發，朦朧中夢見這女人餵他吃牛扒，然後……

　　一星期七天似是一年。老王到屯門醫院體檢（已輪候一年了）。

　　「88 號，王志剛，請到 7 號室。」

　　替老王檢查的是李醫生。醫生問生活習慣、吃喝、何處不舒服？老王說，有時心卜卜跳，臉通紅，熱力發。醫生在電腦盤上得得篤篤打字，然後吐出一張紙說：到 15 號室，抽血樣，描心電圖。老王領命。

　　15 號室有三個護士，俗稱姑娘，都戴大白帽、大口罩、穿大白袍，難辨老中青。不知怎的，其中兩位姑娘有事離開，室裏只剩一位。她捋起老王衣袖量血壓：收——放，只見玻璃柱上的數位是 135／75 和 68。接著，替老王手臂擦酒精，針筒插進大動脈，殷紅血液流入筒內，然後分紅、藍、綠三個不同編號注入小樽密封。姑娘示意老王：放下手機，寬衣解帶。難為情？誰說的？敢不從命？

　　這老王除了穿一條內褲，就赤裸裸躺在這個女人面前。她用右手（戴有薄手套）在老王胸肌捏一捏，按一按，很結實；又套

上聽診器，細心聆聽老王的心跳，然後逐一在胸、腹、膝、足背，貼上膠貼，線路與心電圖測量儀相連。老王閉目無眼睭，任人瀏覽；姑娘目不轉睛，恣意欣賞這尊只遮蓋一點的大衛壯實活塑像。最按捺不住是，姑娘溫軟的手，觸到大腿內側，老王那雄壯小弟隨要竪起。十分鐘過了，姑娘一按扭，一張心電圖紙徐徐吐出。解除束縛，老王戀戀不捨坐起身：

「心律正常嗎？」老王問。她點了點頭，好像在微笑，眼露溫靄目光。

穿好衣服吧——她示意。動作不能慢，說時遲，那時快——

這姑娘脫下大白帽、大口罩：是英姐，是干涉人吃飯，舞姿妙曼的那個女人！老王的厚臉皮透紅，不顧一切，打開門，沖出去，不等電梯跑下樓……

晚飯後，洗完澡，老王墊高枕頭看電視劇《喜來樂》。他慶倖體檢一年才一次。暴露在似曾相識的女人面前太難為情。床邊電話響了，一聽，是女兒的聲音：

「爹哋呀，打了半天手機都不回應，你的二奶呢？」

噢！老王左摸右摸，枕頭邊、抽屜、書架、衣袋，哪有手機的影子？「唉，二奶不見了，它丟失在哪裡！」

「明天是中秋，又是您生日，我們回來團圓，請爹哋吃飯，在虹橋酒樓，您六點先去定位。」

「好！好！有心！一定。」

剛放下話筒，電話又嘟嘟響了：

「王志剛呀，您好！」一個並不陌生的女聲。

「好！好！你是誰？甚麼事？」

「恭喜您，心電圖顯示您心臟十分健康，一點雜音都沒有！」

「您是？啊，是醫院姑娘，我謝謝您！」老王心跳加快了：「您怎麼知道我的名字、電話號碼呢？」

「您真傻，都幾十歲人了，還怕醜？表上不都填着嗎！您的手機我要了。」

「啊，我的二奶……Sorry！我的手……手……」

「去你的，衰人！誰是你的二奶？」

「啊No，說錯了，是我的手機。」

「歸還可以，請說幾句好話。」

「您，美得暈人！笑得迷人！舞得動人！」

「怎樣迷人？」

「您有銀笑，我有鉛笑。」

「此話怎講？」

「眼睛分外明亮，皓齒閃耀光芒，是銀笑；呆滯透着無奈，笨濁暗澹無光，是鉛笑。」

「別胡說，哪有你身邊人明亮？」

「甚麼身邊人？一個孤單的人！睡不著的人！老去的人！無邊落木蕭蕭下的人！你真的要撩我？」

英姐從未聽過如此多姿多彩的排比句，興奮得哈哈大笑，說：

「真是多才多藝！近在眼前，蝶愛樓18字×室，您來吧，我撩您！」

老王躍起，敞開胸襟，趿着拖鞋，按圖索女。輕按門鈴，英

姐半開門扉，穿著蟬翼睡袍，雪白凝脂的胸脯令老王喝了濃酒昏醉；房間燈光柔軟，半個月未刮鬍鬚的老王，紮得英姐又痛又癢，企企大笑，在大床上相擁打滾。

手機響了，老王拿起，女兒問：

「爹哋呀，二奶找到未？」

「找到了！爹哋找到二奶了！」

英姐用拳頭輕搥老王背脊，老王一臉埋進英姐溫香的胸脯裏。

第二天，老王用「自由體」詩抒發昨夜感受，題目叫《噴泉》：

靜謐的湖

湧起連波

死水頓成活水

使千萬條魚兒

復活、穿梭

久歇的泉眼

突強勁噴射

春雨甘霖

滿足仰慕的

花朵飢渴

死寂的火山

奔突、爆破
岩漿與海水
糾纏、媾合
在那溫馨的薩拉熱窩

月　滿　西　樓

　　韋剛由狹窄的古舊陋屋，搬進了嶄新寬敞的東涌映灣園新居，坐在柔軟的沙發上，長長地舒了一口氣。在香港，寸土尺金，多數人窮一生之積蓄，也未必能片瓦遮頭，自己置業；或者買了樓，付了首期，餘下一兩百萬，向銀行借貸，以二十年計，連本帶利每月按揭供款，佔夫婦總收入的一半，還要擔心樓價下跌成「負資產」血本無歸。可現在，韋剛是一間名報社的高級記者兼發行經理，妻子是一間上市公司秘書，女兒也大學畢業在溫哥華找到一份優差、穩妥工作。三人合起來薪水逾十萬。每月供映灣園這千呎三房二廳單位，只佔收入四分一，綽綽有餘呢。何況舊居位於市區，已租出每月七仟大圓，計劃周全，負擔輕鬆。好啊，映灣園呀映灣園，你是我心中美好的居停和心靈休憩安歇家園。韋剛起身行向落地玻璃揎門，輕輕推開，行出小小露台，頓感如飄浮半空，御風欲仙。放眼遠望，這大海浩浩湯湯，橫無際涯；

那朝暉夕陰，氣象萬千；看航機徐徐在遠處赤鱲角國際機場升降，像仙鶴無聲無息飄下飛上，更感受唐朝崔顥那「昔人已乘黃鶴去，此地空餘黃鶴樓」詩句的渺遠、空闊。可不，白雲悠悠，一抹青山明滅可睹；晴波輕湧，陣陣白浪騰娜向前，良辰美景，夫復何求！韋剛心中想：今年四十有五，正偉岸而剛勁，惜妻雖柔美溫存，但工作太投入，可不？一回來就說累，倒床便睡，若能調調情多親熱，不就更錦上添花！唉，人知足而常樂，夠了夠了！

　　他剛要轉身入內，對面露台窗簾拉開，轉出一位少婦，一手提叉，一手擁盆，要將洗淨的衣襪來晾。欸！誰家少婦不知愁，紫日凝妝上翠樓？就只打個照面，匆匆一瞥，就恰如錄像機，錄在心中、印在腦海、映在眼前。不要管她，花各有主，物各有屬，漂亮女人，到處都有。韋剛忙退後兩步入廳中，順手拉過淺藍窗簾遮掩——這實在是太近了，因兩家露台，正好成九十度角，彼此一舉一動，若無簾遮，豈不一覽無餘！韋剛坐下，雖是老馬，但覺心跳加速。歪念，她與我素昧平生，她晾衫干你何事？索性打開電視，可下午都是兒童台、動畫片，關了。她眼睛呢、髮型呢、紅唇呢、身段呢？看都未看清就拉簾自閉真戀居！韋剛起身，行近窗簾，微開一線，要偷窺端詳，不幸，麗人不見了，只剩一條花裙、一對絲襪、一條透明通花三角內褲和乳罩，在迎風飄蕩，向這邊招引。

　　這韋剛因職業關係，練就搶拍人物快相絕技，更備有價值三萬 Canon 牌日本像機：可伸長、縮短的捕捉景物特寫；可全自動

每秒百格錄下人物活動細節。他入房打開掛在架上的機袋，三、二兩下就叱咤一聲裝妥，又拉開三腳架，將相機安在廳的左角，對準那麗人的露台，要捕捉她再現的樣貌；可就在此時，大門鎖把扭動，老婆回來了。老婆腿下高跟鞋，放下小提包詫異地問：

「你、你在幹甚麼哪？」

「我、我⋯⋯」韋剛忙操弄相機鏡頭作拍攝外景狀，「我在捕捉海燕。」

老婆不疑，入房更衣，忽叫道：

「韋哥快來幫我。」

韋剛入房內，只見妻已脫去衣裙，剩下三點內衣立在鏡前。

「快幫我解扣子。」原來她乳罩背後的扣子給卡住反手解不開。

韋剛湊近解開妻的乳罩，從鏡中看到妻玲瓏浮凸肌膚勝雪的嬌軀，便雙手攬緊妻的纖腰說：「半老徐孃，還這般滑潤！」說着就上下其手撫摸不停。妻輕輕轉身過來，玉臂圍住韋剛的脖子說：「就來四十，時不我待呀老公！」這韋太雖說三十有八，但保養甚勤，每月花在護膚名牌用品就佔她三萬薪水的六分之一。這難怪，FK 上市公司寫字樓美女成群，且多只是二十出頭，若非自己英語水準超群，工作經驗嫻熟；更重要的是，她的洋人上司是個來往紐約香港太空人和色餓鬼，若非施展渾身解數，這祕書一職早被其她美女佔奪了。但，揩油可以，她早已麻木；說上床，洋鬼倒識趣，知是有夫之婦，且有副祕書美女自願奉獻，故對老公，還保持有 80% 的忠誠。她湊近韋剛的鼻尖說：

「香麼？」洋老闆最喜歡她雪白脖頸的香水味吻索，回來也不應冷待老公。

「香！」韋剛由妻的脖頸索到她胸上的溫軟乳房，癢得妻企企地笑掙脫開走進洗手間，門哚一聲關住，打開花灑淋浴了。

這韋剛在床上檢起老婆的乳罩，偷偷走到露台與那邊的少婦比較，天哪，這是甚麼年代了，老婆你如此保守，既非喱士鉤織，更無透視花紋，又笨又厚像兩頂氈帽。看人家，分量絕少，風吹絕輕，若用手一捏，如絲如霧成棉花糖一口吃下又甜又香了。韋剛見物思人，少婦啊麗人，妳如此開放、前衛，妳這般令我難忘，請讓我用竹竿挾一首詩遞過去給妳好不好？請送上妳這小不能再小、輕不能再輕的粉紅褻衣讓我珍藏好不好？

天色已昏，韋剛沒聽到妻的聲音，入房一看：她已經穿着長長棉質睡袍呼呼睡着了。「連飯也不吃？」他有點厭惡，獨自下樓到快餐店吃半隻手撕雞。

上到樓來，月上西樓。柔綿的月色由東向西照入那下午緣見一面少婦的露台紗窗。窗院深深深幾許，月光輕輕穿朱戶。她現在沐浴？塗甚麼香液？換哪套褻衣？等誰回來？她老公如我韋剛魁梧嗎？如我文彩斐然嗎？像我這樣一見就熱情似火嗎？若不是，則夢想會有一天成真。不相信有那一天在電梯碰不上妳：那時數呎之內，只有妳我，妳能不看着我我對着妳嗎？我能不聞到妳的呼吸妳的髮味妳的肉香嗎？有機會的，誰叫我們近在咫尺，況一牆之隔，愛戀之情隔得住嗎？

　　韋剛呆呆對着對面露台，看見裡面有柔和燈光，但空無一人。薄雲識趣飄走，朗月立即溫柔配合，更明亮射進那人人的閨閣。忽然，簾內閣中有人影晃動；是她，韋剛把兩眼睜得大大，視線聚焦凝視。那影，恰似霧中仙子隱約可見：披肩的蓬鬆長髮，她似是一手提梳疏理，一手從額頂往後捋去；胸前雙峰挺拔，隨手勢上下起伏顫動；再往下瀏覽，腰如 S 型向內收縮，曲線柔美；接住又行雲流水般向臀部展開，形成圓渾飽滿的波浪後便向大腿瀉下。美啊，這是一首矇矓詩，任你解讀，都有猜不透的美艷；任你遊走，都有無窮的美味。正是：好峰隨處改，山色有無中。這痴漢看呆了，伸長脖頸，嚥著唾液……忽然，達的一聲，燈火熄滅，月色中影子化入乳色迷霧，越來越濃。倩影不見了，輪廓在腦中。韋剛依依不捨離開露台，回到房中。

　　睡吧，明天下班回來再尋覓她吧！韋剛躺下，擁着妻子，發覺妻擁腫沒有曲線。他解開妻的睡袍往她身上摸：這是甚麼「嬌軀」啊：粗糙如牛皮，腰圓如水桶，豐臀如厚革。媽的！韋剛翻過身來，墊高枕頭而睡。今天是他的假期，一天的胡思亂想瞎折騰，累極了，一會就鼾聲如牛。

　　這癡情漢戀居佬夜半三更又來到露台。月已偏西，一地如水。忽然，那美少婦對着溶溶月光在她的露台赤裸裸換戴那薄如蟬翼的乳罩和巴掌大內褲，那雙乳聳動挺拔，那大腿白如凝脂，那肥臀恰如滿月，那肉香美如潤膏。她並向韋剛微笑點頭招手，示意過來呀我要。韋剛那裡按捺得住，他學那張生偷會鶯鶯，用力一蹬，跨遇欄杆飛躍過去。只聽得轟地一聲悶響，由廿八樓直

墜硬地，腦漿迸散……

　　「救命哪！」韋剛驚叫坐起，原是惡夢。只見妻向壁熟睡如泥。

　　別胡帝胡天啦傻老，懶蛤蟆想吃天鵝肉？莫聽人說：妻不如妾，妾不如婢，婢不如妓，妓不如偷，偷得着不如偷不着……早死了條色心歪念吧。韋剛一夜枕上輾轉，心跳加速，血壓上升，悶熱難奈。

　　果然幸運，韋剛有機會親近這朝思暮想的美人：

　　第二天背上相機臉也不洗就上班。行經這鄰座門口，那夢中情人美少婦打開門，推着吸塵機出來，見到韋剛，眨著大眼，說聲 Good morning！那音調似從擴音小喇叭發出。機會難得，時不我予，韋剛上前握住她如薑芽的手，嚇了一跳：手冷若冰霜，肉硬如皮革。行近細辨，原來是一具機器人。韋剛正挺拔於三點三上的指針忽墜下成六點半。

半 山 迷 孃

　　現在是七月暑假，是琴行的「旺季」。 翻開營業記錄，仍然掛零,周英華的心落雪。營業額下降，Boss 從溫哥華回來如何向他交代？ 底薪微薄，全靠營業額百分之二的傭金。妻子、家用、孩子的學雜費、每月供樓、個人應酬……電話不停地打，

尋求外界熟客的介紹支援；將本行學生反復地排隊，早已竭澤而漁。　天哪，短路的神經早聞到了焦灼的燶味！

　　大堂的玻璃門推開，一陣濃濃的香水味飄入來。只見一白衣少婦如輕風款款而來。按「誘敵深入」的戰術，周英華不敢打草驚蛇，只任她目中無人迤邐走進一排排嚴整的鋼琴陣中。

　　「Anybody here（人呢）？　空調冷死人唷！」她嗲聲嗲氣埋怨了。

　　周英華這才「包抄」、「堵截」上去，彬彬有禮地說：「小姐您好！」

　　「你是老闆？真帥！是你，才配做鋼琴的行檔呢。」

　　「多謝誇獎。您也真漂亮，和鋼琴相配，一身貴氣！」

　　「what's your name（怎樣稱呼你）？」

　　「我姓周，是 Michael（米高）　Chou，小姐您呢？」

　　「I'm Susan Lee（蘇珊李）。」她遞上一張白金名卡，細看，是美國一間石油公司副總裁。大客呀，　得細心招呼。周英華暗喜。

　　蘇珊眼睛在眾多的鋼琴漫遊，最終聚焦在一台美麗、精巧Ivory(象牙色)
的 baby　grand 身上。她走過去，俯身審察，憐愛地用柔軟的右手撫摸着。這時周英華才從頭到腳將這美婦人瀏覽：她，奶白色的衣裙、奶白色的帽，奶白色的珍珠頸煉、奶白色的輕靴；紅色的 LV 名牌手袋、鮮紅的唇，紅寶石的鑽戒、翡翠的耳墜……密切注視市場貨品的周英華一眼觀七：她的套裝是上日在太古

廣場舉行過的名為《Top Of The World》秋冬系列展覽中，模特兒 show 過的 Emporio Armani 07 衣連裙，每套都在兩三萬元之上。只是 V 字胸領太低，豐腴的乳溝，奶色的喱士胸圍也隱約可見。她喜歡白色，當然是鍾意象牙色的鋼琴了。

「您，蘇珊的高品味和美麗大方的身影，將這台琴襯得多美！」

「你是說，美人配靚琴嗎？」蘇珊漂過來水汪汪的眼波，閃動着水草般的長睫。「來，幫我和鋼琴拍個靚照。」她用蘭花手拉開手袋，取出一架超薄的手機遞給周英華，左肘靠着琴身托起俏臉，又把右腳蹺起，側身回眸嫣然一笑，炫目的燈光一閃，琴行大堂光芒萬丈。

「美人靚琴，相得益彰！」周英華再次慫恿。

「十八萬是很平的價錢，可我仍要考慮。」

「還有甚麼顧慮呢？」周英華最怕客人說「考慮」二字，那是主意未定，或是不買的託詞。但吊桶般起落的心情切不可流露，便以退為進說：

「也許三角琴體積大了點，那就買 upright（立式）吧！佔地少，音色也豐滿雄壯。」

「No！我喜歡象牙色。我就鍾意這一台。」蘇珊反復圍着琴轉。「米高，音色靚不靚呢?」

「靚。您試試吧！」

「我不會彈，你試一曲來聽吧！」

　　周英華知道，留住客人越久，成交的機會越大。對於蘇珊，推銷不在價錢，而在產品的素質。便拉開琴椅，調好高度，坐下後，十指便在琴鍵上滑行起來。　他彈的是舒伯特的 Serenade(小夜曲)。由三拍小調的三個主音開始，四度和六度的和弦，起伏、跳動，伴隨左手的低音伴奏，將夜晚少女對愛情的期盼、憧憬和追求，表現得如泣如訴，如怨如慕。

　　「Wonderful！米高啊，我的靈魂是琴弦，給您的手輕輕撥動，顫抖的心馬上有了回音！您是出色的 Wizard（好手），琴音美，您的才華更美。我還有些事要辦，改日再來吧！」蘇珊說完，邊走邊用手帕抹着淚痕出去了。周英華替她開門，她回首拋來一個媚眼，飛一個手吻，留一縷幽香。

　　飛到懷中的小鳥飛走了，挽救無術，期盼的心如漏風的帆。周英華似一艘擱淺的船，頹然在如水的沙發上。唉，誰說總經理一職好當呢！

　　兩天之後，是周五早晨。周英華正在為一把小提琴安弦校音。大門推開，又是一陣沁人昏迷的香水味，蘇珊果然回來了。此時，她改穿便裝：迷你裙裸露雪白的美腿，露臍衫扭動柔軟的纖腰。肩上挂的是 Gucci 金牌名袋，一進來，就往那台象牙色三角琴走去。不用說，她一定買了。周英華精神為之一振，照一照鏡子，梳一梳頭髮，整一整領呔，迎上去！

　　「Good morning！蘇珊小姐！ 很高興再見到您！」周英華躬身拉起蘇珊滑潤潤的纖手輕輕一吻，Susan 興奮得一聲尖

叫。

　　「我要這台琴，但有一個條件，您肯不肯？」

　　「不要說一條，就是十條也可以，只要我做得到。」

　　「好！我—要您——到我家裡—教—我。」蘇珊一字一詞地說清楚。

　　「這嘛……我派一名最 Sharp（頂尖）的女教師去教您。」

　　「瞧您說呢！誰希罕女教師？同性相斥，教不好的。我要您—Michael 周，

不然，我不買！」蘇珊乜斜著美眼偷看反應。

　　這真為難了。一是周英華還未上門教過琴，二是到蘇珊家中諸多不便，三是離開店鋪是失職。還有……但她真的要買了，一台頂五台，破了零頭，也好向 Boss 交代。為了……好吧，做成這單生意再說吧！

　　「OK！但只能贈送一個月四課，每課四十五分鐘。因我不可離開太久，請蘇珊原諒。」

　　「那太好了！」蘇珊撫掌，笑成一朵炸開的石榴，綻露整齊靚麗的皓齒。

　　這時周英華發現：她，莫非是影視紅星袁彩雲？不，是袁彩雲更像她。但周英華之意不在眼前的美人，在乎快點把貨沽出，以壯荷包以固職位；而蘇珊呢，回來之意不在琴，在乎米高身上也。他英俊、才華橫溢。那晚回去就撈撈亂兩夜睡不好。婚後一年，卻孤獨三年。有次她致電在美國的老公，女文員說：Boss 與鬼妹去地中海渡假未回，恨得蘇珊唇咬出了血，淚濕了

枕巾。她決定向男人報復，周英華是她尋覓的獵物。一高興，
掏出支票簿，唰唰飛快地用英文寫上壹拾捌萬元正，一分也不
少。約三天後送貨，地址中半山寶雲道寶月臺。

　　第二個星期二下午，周英華從書架上抽出三本英文教本
《Teaching Little Finger》（教指法）、《Teach me to play（教我
彈）》、、《Modern course first grade》（現代教程一級），乘的士
往半山爬。左兜右轉，不消十五分鐘就到寶月臺。他稍為猶豫，
便按門鈴。一會，一名菲傭走來問：「Michael Chou？」周英華
點了點頭，大鐵柵自動打開。繞過花徑、假山，來到一幢三層
高別墅，周英華自覺換上白拖鞋。這時，Susan從楠木扶手的古
銅色樓梯下來了。她,穿一身高貴的黑色通花晚禮服，手執一把
白色的羽絹扇，像仙女又像蒲公英飄到周英華身邊。

　　「Welcome Michael！」說著，攬著周英華的脖頸，在男人
左頰印了一個猩紅的唇印。「Welcome！」架上一頭綠色紅頭鸚
哥在學舌招呼。菲傭早調好雞尾酒放在几上便引身退去。Susan
齊眉高舉水晶杯說：「老師，學生敬您一杯！」

　　「蘇珊別客氣。」周英華環顧：這二千餘呎的地下大廳，
三面是落地玻璃幕牆，淺藍色帷幔半開半合地擋着陽光。正中
那盞巨大的義大利水晶吊燈，少也有上千片水晶在浮光躍金。
那台象牙色三角琴，琴蓋高挺屹立在廳的左旁。背後是一排排
桃木玻璃書櫃，有莎士比亞全集、歌德、海涅、普希金詩選、
卡夫卡小說散文；另一排是《紅樓夢》、《聊齋》以及唐詩宋詞。

此外，英文書籍也佔三個書櫃。不用說，Susan 及其家人，文化底蘊深厚。

「我帶來三本初級教本，看您喜不喜歡？」周英華抽出《 Teaching Little Finger 》走近鋼琴。「我們先認識鍵盤以及中央 C 和在五線譜的位置……」周英華一口氣說下去。蘇珊打斷說：「這是多麼枯燥無味的學習方法啊！我要您展露您的藝術才華。來，再彈一曲，知音共賞！」她要周英華坐下，「您現在是司馬相如，我是卓文君。」

周英華只好坐下來彈一曲貝多芬的《給愛麗絲》。C 調的 E 音開始了三拍的中速旋律，半音階的插入及小調的反復，道出了貝多芬對愛麗絲的無限憐惜和關懷。當樂曲轉入激昂的 ascending (上行)和忽而 descending(下滑)時，周英華雙眼緊閉，全情投入於無限的思念和幻覺之中。等到重復開頭的主旋律，他才發覺蘇珊不知何時坐在身旁，柔長的棕色濃髮散他滿肩並在飲泣。

「蘇珊啊，您竟也如此地投入！」周英華遞紙巾給她：「請原諒我沒有顧及您的感受！」

「不，您彈得太美了。貝多芬與愛麗絲的愛，是如此地反復纏綿，這使我想起新寡卓文君和我自己、潯陽江畔的琵琶怨婦，想起歌德的《迷孃之歌》：您可知道那檸檬花開的地方？暗綠的密集中映着橘橙的金黃；駘蕩的和風來自蔚藍的天上，還有那長春藤和幽靜的月桂相纏。你知道嗎？那方啊，就是那方，我心愛的人兒，我要與你同往……」蘇珊背誦起《迷孃之歌》

了。

「I'm sorry（很抱歉）！　但愛麗絲只是一個美麗可愛的小女孩，她的身影，在貝多芬失明後常常縈回腦際，故一曲詠歎，只表現鋼琴大師博大慈愛，追求真善美的人性，與愛情似無關係。」

「不，有關係。那反復的三拍子旋律不是在訴說：我是多麼多麼地愛您呀嗎！米高啊，我想變成愛麗思，希望您也一樣憐惜我好嗎?」說着，用半閉醉癡癡，半開情眇眇的美目看着周英華。這使男子漢忐忑不安。

「蘇珊您有深厚的文化素養，每日與書為伴，與琴為伴，與鳥為伴，會不斷豐富您的感情生活的。」

蘇珊學琴是這樣如雲飄忽，心不在焉。第二課只象徵性地學了ＣＤＥＦＧＡＢＣ　八個主音和右手穿指跨指的指法，餘皆聽不入耳。她引周英華登上二樓，二樓都是名貴的歐化家俬，立地瑞士大鐘在一角幽閒機械地訴說空虛無聊。三樓就慘不忍睹：這是蘇珊的臥室，但滿地是數不清的唇膏、指甲油、香水瓶，周圍掛滿用過未洗的紅、白、黑色褻衣、透明絲襪，總之亂如狗窩。蘇珊竟要周英華幫她「整理內務」。她對他說話，一時哭，一時笑，像醉酒的貴妃；要撒嬌，要抹淚，要擁抱，要「吻一吻我好嗎」？要……周英華半推半就地應付她，常被這迷孃揩油。只盼望「還清債務」後拜拜，以免夜長夢多。但蘇珊卻知道成功已接近一

半。男人硬，硬不過火的燒熔，水浸生銹：他也許有家室，築堤壩防汛，但水可柔情偷沙，讓他崩塌。她看穿周英華人硬心軟，一場觸及靈魂的活劇已心中有稿。

　　上午蘇珊來電話說，她要去蘭桂坊購物，學琴改在晚上七點。當周英華到達寶月臺時，時屬九月，序屬三秋。夕陽早就被飛鵝山、獅子山涵納入懷；維多利亞港萬家燈火如釵簪滿頭的迷孃，獻出嫵媚。門洞開，但無人。廳上有風鈴讓風吹得叮噹作響。熟悉了，就不以為意，徑上二樓；而二樓更冷更黑，臉上被飄飛的黑絲帶撩得浮雞疙瘩。再上層樓，僅一盞小燈喘息着紅，四周隱約有風聲、雨聲和女人的啼哭聲屬笑聲。周英華正在疑惑，忽雷雨霹靂，從幕後跳出二個鬼來：一個吊死女鬼舌吐抵胸，一個骷髏鬼縈縈跳來到跟前。二鬼快手用鐐銬鎖住周英華，並用繩索將他捆在靠背椅上，舉起剪刀剪開他的恤衫。

　　「別玩了！快開燈。」周英華才想起今天是鬼節，這怨婦玩他。

　　「我要剝你的皮吃你的肉！」裝鬼聲也聽出是蘇珊的聲音。「我是天神宙斯，要鞭打你這不敢盜火到人間的普洛米修士！」說完，皮帶如雨抽打在周英華身上，痛得他大叫：

　　「好了好了，我是綿羊，我投降！」

　　菲傭這才扭開大燈。蘇珊把面具和長袍剝開，只見她只穿三點黑色比堅尼，全身香汗淋漓地急喘氣。當她發現周英華胸上有鞭痕，滿足地用手指由上而下慢慢掃下去直至肚臍。可是，

當蘇珊見到傷痕滲出血水，又緊抱着這個受傷的男人，伸舌來舔，將舔到的腥鹹吞下，複以溫熱的唾液來滋潤。

　　周英華此刻才全部理解蘇珊的一系列舉動：她把自己當作恨來發泄，又當愛來吮吸。雁受傷的哀鳴，失群的啼叫，是多麼悽楚啊。何必這樣精心策劃佈置呢？真可憐！想到此，男人的心軟了，撫着女人的秀髮，說一聲：

　　「蘇珊打吧，您就將愛恨都傾注到我身上吧！」說完將她緊緊摟抱。那菲傭和主人的淚一起流。

　　真是不打不相識。被冊封為愛偶的周英華靈魂被蘇珊楔入，每要忘記卻易回潮。蘇珊這迷孃迷人、迷情卻從不迷亂；她哀傷、哀痛但不曾哀告。許多時候想丟開她，用自己美麗、善良的妻子來鎮魂，但等待，無論甚麼都難以抑制。憧憬、幻想、如墜進迷霧地成為人質。

　　今天是中秋。蘇珊在電話說，她無聊中寫下一首詩訴說愁悶，下午會開車來接他。周英華猛然發覺這是第四課，也竟是最後的一課。第一次覺得時間太慢，現在覺時光太快，微妙的變化他不知曉。他形而下的計算：男女共處一室，女人定有損失。他愛自己的妻子、孩子，如果將愛比做長河，那他倆是長江、黃河。但大河也可以有支流也，蘇珊是支流吧。自己有愛十分，取一分去投資也不過份吧？

　　「不」一聲，門外的笛聲打斷書呆子的思維。一輛嶄新平治在外面等着。

房車三二兩轉就轉入告士打道。

「新買的？」

「是。買給您。您揸車嗎？」

「揸過。無功不受祿呀！」

「啊，還恨我？」

「不，那不是男人的性格。」

車在寶月臺停住。少待，蘇珊從樓上下來，換了一身通透如絲如霧的睡衣，玲瓏浮凸一覽無遺。她不需要再掩飾了，眼前的男人已是囊中之物。她先要有高尚的文明精神享受，詩與琴合二而一，然後⋯⋯⋯

「您的詩呢?」

「有月光的琴曲嗎？」

「有，我彈貝多芬的《The Moonlight Sonata》(月光奏鳴曲)。」

於是低音如濃雲密布中展開。雖然右手的分解和絃如輕風要將雲吹散，但音韻渾極，節奏慢極，旋律濃極，仿佛心中的愁思凝得溶不開化不了。月光啊，何時雲破透入花叢，照亮她之明媚！蘇珊接住吟道：視你為玉／玉兔、玉輪、玉鉤／多麼完美／為何只有十五十六／餘皆容易破碎？視你為銀／銀盤、銀盃、銀圭／多麼奇瑰／為何佼人僚兮／孤獨徘徊憔悴？視你為桂／桂魄、桂樹、桂影／多麼珍貴／惜我誤吞靈藥／長鎖廣寒知悔！視你為秋／秋蟾、秋鏡、秋明／多麼完美／為何你圓我缺／迷孃恨如秋水⋯⋯

周英華邊彈邊聽，這是孤獨之曲，怨恨之歌。他儘量把旋

律放壓低，以突出蘇珊對月光的泣訴和怨歎。當旋律轉趨明亮，由中音向高音移位時，大地已充滿溫藹的月光，米高竟也流出激動的淚水。是啊，豪華宅邸，家資億萬，但對於一個精神絕對空虛的少婦來說，一切都毫無意義，也等於零。他彈完樂曲也正好蘇珊吟誦結束，相對無言，靈魂合一。兩人身貼身嘴貼嘴地一下子狂吻著擁抱着。蘇珊的薄如蟬翼的內衣滑脫，周英華輕輕將她抱起，一步步沿梯級走上三樓。

「喜歡成熟的女人嗎？」

「喜歡！成熟的女人最美：她，如歌的行板，流暢而多姿；是蜜桃，甜美而多汁；是月光，明亮而溫柔……」

到了溫馨的大床，米高把粉雕玉琢的蘇珊放下，然後自己解衣，一男一女便三十如狼四十如虎地纏綿起來……突然，電話鈴向起，周英華摸到褲袋的手機。

「哈囉！誰呀？」

「是我。」哦，敗了！那是 Boss 的聲音。周英華從夢中驚醒，推開伏在身

上的裸體迷孃，一躍而起，混亂中穿好衣服頸繞領呔，飛快往樓下狂奔。

「不要怕！Michael！不要害怕，有我呢……」蘇珊迷糊中囈語不停，以後便熟睡如泥。

「看你神不附形，去了哪里？」Boss 張說。

「教琴，預約的。」

　　「你怎麼不務正業了?你的責職是賣琴嚴守崗位,沒有別的 Miss 教嗎,要你自己出馬？」Boss 張嚴厲的目光盯著周英華。周英華理屈,只好低頭;為了飯碗,只有從實招供。

　　「權,才能知輕重;衡,然後知長短。第一,此事若傳出去,會損毀我和本公司的聲譽;第二,你慰撫一個怨婦,你太太知道了,豈不多了一個？第三,你們在造愛,如果她老公回來有怎樣的個結局？你自己在製造悲劇,苦果由你去吞。」Boss 張的語氣變得莊嚴厚重。

　　「損毀公司聲譽？」周英華心中仍在瞑頑死撐:若不是為了你 Boss 我會出此下策？便說:

　　「張先生我錯了,您處罰我吧！」

　　Boss 張竟放鬆語調說:「也不全怪你吧！如今萬全之策就是……管你願不願意,」周英華頓感一陣寒意直透背脊,只見 Boss 張撥起電話:

　　「沙田分行 Peter 李嗎?明天開始,你來灣仔上班。沙田嘛,由 Michael 周去。」

　　這是降級處罰了。但 Boss 說,為期半年,並要馬上更換手提電話號碼,通知所有員工:有女人找 Michael,都說他離職。

　　就在周英華去沙田上班一個星期後,一天,他收到一封掛號信。一看字跡,是蘇珊無疑。唉,是特赦還是死刑？拆開,是蘇珊的一首詩:

您是我

最難割捨的

那一個男人

您的一滴

甜柔我

乾枯的心

滋潤成

愛的長春藤

把您緊緊纏繞

任海角天涯

　　　　　　　——愛您的 Susan

信封裏還有一張以兩人相擁熱吻的彩照做封面的 VCD 光碟。

周英華此時才知道：他已被判處無期徒刑了……

　　　　　選之 2009 年中國作家出版社出版的
　　　　　黃熾華短篇小說集《半山迷孃》

文藝品蘭

梨園飄香

　　小序：梨園，指唐玄宗在梨園設教授戲曲場所。宋·歐陽澈《玉樓春》詞曰：「興來笑把朱絃促，切切含情聲斷續。曲中依約斷人腸，除卻梨園無此曲。」我愛看京劇、評劇、越劇，但更喜歡潮劇的委婉、細膩和生、旦、丑、淨角色的表演和「輕攏慢撚抹復挑」、「大珠小珠落玉盤」的悠揚絃音；喜歡「回眸一笑百媚生，六宮粉黛無顏色」的旦角和「玉容寂寞淚闌杆，梨花一枝春帶雨」的青衣以及容儀俊爽、風流倜儻的小生。名演員按新生代黃曉佳、中生代張怡凰向上推介至鄭健英、姚璇秋。我將她（他）們的表演藝術和劇目，以詩或排句、提綱式贊賞、品評、介紹出來。這當然是潮劇藝術滄海之一滴，卻閃耀着七彩光芒。

黃曉佳

　　《銀花公主》：妳少女的情、真、美，數分鐘便表露無遺；明眸皎齒，眼神閃亮，清麗唱腔，汩汩清泉，梨頰微窩，深淺都美，無邪情思，百看不厭。妳是天上彩雲，草原花朵；妳是青澀

花旦、東方繆斯。

《拜月華》：似小鳥在公園跳躍，在樹木花叢躲閃。天真無邪的浪漫，抒情把潮曲演唱。贈妳《天淨沙》以記：清純玉女含苞，斜眄凝眸做騷。跳歌弄姿搔首，神魂顛倒，媚暈攝人夭夭。

《投江》：她悽悽切切哭也啼，又急急忙忙把蓮步移。妳尋尋覓覓往何處？我愴愴惶惶因追兵急！西臚啊你可望不可即，榕江呀你太長水汩汩。渡船呀渡船在哪里？益春呀妳可帶來好消息？陳三呀你快迎娶，夢幻中你我鳥比翼！唱得委婉清麗，舞步時緩又急；水袖撩動情思，秋水漂渺依依。閨秀碧琚的演出，由「婷婷嫋嫋十三餘，豆冠梢頭二月初」的曉佳來演，自是難已倫比的青澀美、清純美。

《十八相送》：這是中國的雙人舞，也是美麗的天鵝湖：整齊劃一、在舉手投足；雙雙過場、是輕快邁步。歌的清新、情的期許；愛的託喻、盼的情緒。美妙、輕盈、合拍、翩翩、楚楚，如粉蝶款款，在花叢起舞。曉佳、澤霞，演東方的羅蜜歐和朱麗葉，將潮劇推向新的高度。

《美人淚（鴆母）》：曉佳演出美人淚，真正人美情亦美。秋水無限杏子眼，春山含翠柳葉眉。皎齒如貝白如玉，亮麗唱腔映清輝。香羅一唱人神傷，委婉蘇鑼絃相配。一溪山泉嗚咽啼，十

三少女能有誰？

《江姐上山》：演江姐上山，妳颯爽英姿。看出場舞步，見苔滑崎嶇。用手中雨傘，撐暴風驟雨。舞潔白圍巾，當送別丈夫。聽清麗唱唸，將豪邁情抒。用靈魂之窗，表情達意。見杏眼圓睜，恨敵人殺戮。悲淚水湧出，悼松濤犧牲，情調動觀衆，緊張憤怒！噫，書記情傷，省長嚴肅；握拳宣誓，眾人拭淚，掌聲如雷。除了曉佳，問名旦、青衣，還能有誰？

又演鐵梅喜清新，一聲爹爹淚沾襟。咬牙切齒罵賊寇，紅燈高舉後來人。年齡十七不算小，我挑八百爹千斤。眼珠滴溜見聰慧，動作省煉步輕輕。鄭州一唱潮劇紅，老師馱妳喜摘金。載譽歸來父老喜，潮汕藍天閃星星。

曉佳成功詠歎調：她是藝宛一新星，「三合理論」已說明：譜寫成功咏歎調，九歲就唱寶蓮燈。十歲舞台顯靈氣，高歌上山江雪琴。十一拜師陳江哲，十二全國勇摘金。十三青衣憐楚楚，十四花旦眼傳情。十五挑戰星洲去，花如海洋喜潮人。十六摘取紅梅獎，十七揭陽評傑青。十八啓程上海去，京劇崑曲訓練勤。名師指點出高徒，八載學士袍披身。廿六回鄉報父老，推動潮藝情殷殷。一曲曉佳咏歎調，星星閃爍高歌吟。

張怡凰

前賦：妳是東方的繆斯？總管潮藝的神女；妳是潮汕的雅典娜？智慧女神
把角色演繹；妳是我們的阿底米絲？月亮女神是人間向往的明麗；妳是父老鄉親的巴克科思，酒神的夢境叫人如醉如癡！

美麗：妳演白菊，清純亮麗；妳演尚香，典雅含蓄；妳演春草，俏皮聰慧；妳演蘇三，催人下淚；妳演嫦娥，窈窕欲飛；妳演江姐，堅強似鐵；妳繡紅旗，深情款款；妳扮雅孃，高尚大氣；妳演英台，純情悽苦；妳演淑貞，弘揚正義；妳演齊姬，力拒威脅；妳演竇娥，舞步難及……真、善、美的花旦，悽、怨、苦的青衣：潮汕一美人，凡間一仙姬，一切都無以倫比！

眼睛：是秋水的明淨，如秋波的漂渺。這丹鳳的雙眼，思飄來之神鳥。見眉彎之蹙聚，知遠山之縹緲。開靈魂之窗櫺，一旋轉之俊俏。若淚水之盈眶，心酸楚而顫抖。倘一笑而傾城，君王見而顛倒。啊，一見勾魂魄，離開忘不了。斜眄挑逗誰？回眸更嬌俏。半閉醉癡癡，半開情眇眇。朦朧百媚生，交投心便跳。水是秋波橫，眉是春山綯。怡凰若看花，花落知多少！

唱腔：怡凰是女高音，但不是西方的花腔 。她音質清亮，如山泉清澈透明；她音色華麗，是雨後的彩練；她音域之廣闊，高音可追雲霓，低音如提琴 G 絃。她不需要顫音，但似溪水婉延逶迤，拉腔色彩班斕。無論花旦、青衣，優美將旋律歌唱。

三擊掌：去就去，莫回顧。綾羅香緞，香閨胭脂，怎敵得高尚悽苦？莫說相爺、勿言老父，逼不義拒婚，寧走他路。棄釵鈿，藐賞賜；三叩拜，別慈母。此別經年，不是好景虛設；寒窰雖陋，前途和石郎作主。

別寒窰：別後妻妳怎敵孤單？雨雪難抵饑寒；晚來時獨枕被冷，秋寂時妳遙望飛雁。叫平貴，怎忍策騎遠方！我為你忍饑耐寒，我堅守寒窰孤單。我盼你建功立業，我憧憬前途榮光。催你走，軍令如山；鎮靜揮手，回窰痛哭、別淚漣漣！深愛、繾綣、難分難捨，演得起伏跌宕。

告親夫：哪忍得當官糊塗？焉放過作惡親夫？你稱我賢德媳婦，卻回避知子若父。你官袍印着太陽，卻將犬子庇護。你滿口稱詩禮法律，但治家無方心虛。文淑貞，義正詞嚴，家公理窮詞屈，斬了狗丈夫，演得最痛快、峰回路轉，人情鼎沸！

《東吳郡主》：臨江仙（明‧楊慎詞）：「滾滾長江東逝水，浪花淘盡英雄。是非成敗轉頭空。青山依舊在，幾度夕陽紅。　白髮漁樵江渚上，慣看秋月春風。一壺濁酒喜相逢。古今多少事，都付笑談中。」這首詞由老生陳秦夢扮演漁父朗誦，並貫串在《東

吳郡主》全劇，是戲的主題。

張怡凰：本戲的主角、東吳郡主孫權之妹孫尚香。她胸襟寬廣，放眼蜀漢東吳；她既愛故土，也愛劉備丈夫；她眷戀皇叔，也思念母后；她顧念親情，又恨兄長的冷酷；別離十載髮白，甜蜜已變酸楚。勸夫止息干戈，狹隘義氣攔阻。恨字分手，悲劇結束。尚香一片衷情，對愛以死相許。女英雌塑造成功，一反才子佳人卿卿我的窠臼。

場　景：此戲的劇本、情節、過場、布景、道具、煙火、音樂、演員，都是一流、罕見、大膽、氣勢磅礡的。尚香的真、善、美由怡凰擔綱，不負眾望；劉備的私、隘、偽由名小生林初發來演，把握複雜人物性格分寸；母后由名青衣、金嗓子鄭健英演唱，戲少情多，慈愛大度，感人肺腑；孫權由老生林武燕扮演，粗獷豪放，唱腔充滿滄桑……這是潮劇劃時代巨構傑作。以此為起點，超越
難、起步高，藝術要更上層樓，考驗了後來者的本事了。

鄭健英

這是一個金閃閃的名字，在新加坡，《聯合早報》稱譽健姨（張怡凰暱稱她）的唱腔是「金嗓子」，是以金的光彩耀眼來形

容她音色的輝煌。明‧高明《琵琶記‧琴訴瑤池》一折唱道：「翠影竹搖金，水殿簾櫳映碧音」。此之喻也。

　　《回　書》：我神交健姨，是偶然在電腦視頻看、聽、品她與小玲、盛典演唱《回書》這個折子戲。健英飾岳秀英出場，一聲「老爺……」如玉振金聲，空谷傳響，驚喜潮音竟有如此委婉、明麗、透澈！全場鴉雀無聲，生怕走漏了她一個吐字、一個音符、一句搖鈴敲玉的唱腔。演唱完了，回蕩耳邊；息音三日，仍在繞梁。聆聽、分析、品味如此悅耳潮音，一是音質鏗然，二是貼絃而囀，三是不離滑音，四是極盡委婉，加上健姨最標準的潮語，親切、溫馨、遐想而百聽不厭。「金嗓子」奠定了她潮劇名伶江山。

　　《秦香蓮》：健姨妳使我流了多少淚！一出場我的心便被妳牽得峰回路轉。
領冬哥春妹在「殺廟」中令人膽顫驚惶；說一聲「三百兩」的苦笑抗議和胡絃的委婉淚水盈眶。妳不屈不撓地抱告青天，劇情在「鍘美」得以伸冤。這青衣叫女人涕泣，這悽苦讓男人淚潸。烏衫的典型，妳成就輝煌！

　　《美人淚》：香羅這個角色，妳演得悽美；妳金嗓唱腔，讓潮人悲摧；妳美人形象，隱約在街頭巷尾；八場八滿，妳累觀衆不累。創記錄的盛況，健姨是名伶授之無愧。

調寄《訴哀情》詞曰：人情薄薄冷如霜，悲淚濕殘妝。皇兒鴆親母，揮利劍、恨綿綿。　嘆往事，惜流芳，永成傷。一江春水，健英香羅，最斷人腸！

《老兵回鄉》：這乏味劇目本不想看，但一瞧是老戲骨健姨和方展榮的演出，便知會精彩紛呈。果然是：彼此老了，欲認無從；昔日青壯，今時老翁；重回舊愛，情難於中；推掉撫愛的手，婉拒紙巾拭淚，細節生動。峰回路轉，名演員的精彩只 10 分鐘！

《德政碑》：這是《東吳郡主》之前潮劇一團又一鴻章巨構：

編劇好、唱腔佳、說白妙；劇情真、合史實、五言詞、很含蓄；旋律美、好絃詩、鑼鼓配。

名角出、精銳來、同鑄造、展演才：老生陳秦夢、林武燕；名旦鄭健英、孫小華、劉小麗、張怡鳳；小生林初發，名丑陳鴻飛、李義鵬都上台。是主角、做綠葉、都入戲、齊閃亮，故精彩！

秦夢以他的激情、滄桑和慷慨，成功塑造了狄仁傑；健姨以金嗓唱腔、徐娘風韻、大度唱唸和嫻熟舞台經驗，塑造了武皇則天，最為成功。

缺陷：都是名角上場，編導怕厚此薄彼，安排他們「輪流突出」，造成劇情鬆散。

姚璇秋

　　一個響亮的名字，家喻戶曉；一位出息表演藝術家，已成經典；一齣《掃窗會》好戲，把潮劇帶進戲曲殿堂；載譽歸來，從此潮劇閃耀輝煌。傳承一代又一代，百花齊放；撒下的種苗，如今已春色滿園。委婉唱腔、細膩情感、水袖運用、細節表演、情緒掌控，都成了後來者的典範。

　　《掃窗會》：悽悽戚戚，執帚西廊傷心切。傷心切，寒蛩低吟，淒涼月色。何堪鞭笞傷痕血，牢籠難鎖雙孔雀。要飛越，渺渺燈光，曉風殘月。姚璇秋的演唱，是柔婉、亦剛毅；是憧憬、不迷離。從西廊到書房，由書房到花園，只一桌一椅，配切切檀板、急管繁弦；微步凌波，泣訴依依，塑造怨婦真、善、美。

　　詞《鷓鴣天・掃窗會》讚道：執帚西廊聲莫高，銀燈隱約燭影搖。千敲百打難羈絆，細唱低吟恨未消。　步悄悄、夜迢迢。夫妻咫尺萬里遙。夢魂相會意堅決，踏雪尋梅是鵲橋。

　　張怡鳳演唱：唱腔明亮，楚楚動人；姣好扮相，水袖輕颺；嬝嬝娜娜，愁怨目光；抑揚頓挫，秋水伊人。

　　余琼瑩演唱：如怨如訴，如泣如慕；聞餘音之嫋嫋，歎不絕

之如縷；舞幽壑之潛蛟，泣孤舟之嫠婦。三青衣的傳承，散發花絮。

《井邊會》：以《鷓鴣天》描繪：大雪紛紛失雁隨，兒夫何事不回歸？井深泉竭曲清苦，白頭鴛鴦失伴飛。 似兒婿，少年威，金盔銀鎧認相違。苦楚思親訴與誰。

這齣戲，姚璇秋把李三娘思親無限演得思潮起伏、曲折有緻、親情無限、撥動心弦、催人下淚。眼前小將軍酷似我夫劉致遠，他莫非就是咬臍長大來到身邊？要認，很想；不認，失去就太渺茫；折磨得好苦、好痛，劇情有陳瑜、璇秋演繹而感人至深，成了又一經典。

《春草闖堂》：精彩得如天上彩雲美不勝收。妙在於李半月雖非主角，由璇秋姨演來，如細雨潛入夜，潤物細無聲。這大家閨秀初是理智地矜持，難以認「婿」；但解救之恩，怎能見死不救。經一番撫琴懷思、春草激發、明以大義，半月遂委婉「認」了。上京見父、投訴受辱、爭相認婿、捋鬚討好、哭泣撒嬌、警惕有詐、騙信改書、送婿上京、弄假成真、喜劇收場，這一幕緊追一幕因璇秋、瑞英的細膩唱演和名丑方展榮的誇張表演，又成百看不厭經典。

怡凰、劉小麗、吳玉東演出：三個美人一出場就艷壓群芳，三個名花旦的演唱美如歌仙。怡凰春草嬌俏可愛，蓮步跳歌粉蝶

翩翩。小麗半月含蓄典重，是大家閨秀含蓄美艷。惜缺了胡知府誇張漫畫吹鬚碌眼，缺名丑演出可以評彈。

黃曉佳演出：牛車水是花的海洋，攝影機跟隨妳追趕搖蕩。一出場把紅色羽扇開合旋轉得神乎其技，一開腔清麗洗脫潮人的憂煩。

題詞《鳳棲梧·春草闖堂》：調柱撫絃聲細細，一片春愁，彈奏相思意。俊影依依揮不去，太華山上情難寄。　春草闖堂呈急智，為救恩人，半月圓情理。偷信改書吹凱笛，弄假成真皆歡喜。

俊彩星馳

誇張丑角方展榮

演盡人生如戲，表情忽驚忽喜。步伐時緊時慢，唱腔忽高忽低。吹鬚碌眼絕技，蛇行攀繩滑梯。我知我知彈舌，光明掃除邪氣。知府胡進糊塗，柴房會鬼娶妻。

俊朗高吭林初發

潮劇知名男小生，風流俊朗眾女傾。唱腔高昂入天雲，再塑美男王金龍。翻轉跪行薛丁山，功夫紮實文武能。多情悽婉梁山

伯，愛歌唱出斷腸聲。

文武雙全黃映偉

非凡武生石平貴，紅鬃烈馬伏相偎。寒窰別妻赴西涼，多情多義毋相違。岳霖騰翻武藝高，伸張忠勇全無畏。武松殺嫂冷如冰，鋼刀見紅雪魂飛。

俊彩星馳林燕雲

扮相瀟灑俊朗，唱腔甜潤高吭。生離死別為情，魂魄美如潘安。梁山伯、恨綿綿；待月下、愛西廂；戀五娘、難陳三；釵頭鳳，歌唐婉……才子佳人，都付予頹壁殘垣。

俊逸小生王銳光

唱來透澈純淨，演來細膩純情，形象俊逸純正，風格端品忠精。演洗馬橋你尋尋覓覓，在異國抱節堅貞；浪漫美女你目不斜視，慘慘戚戚只思念結髮愛情。演盡了男人的堅韌不拔，似銅豆炒不爛鐵骨錚錚。

風姿綽約孫小華

妳美在於眼、在於聲的響徹行雲，在於風姿綽約和成熟。動作不須張揚、唱來不必費力、蓮步只是輕移，就亮麗了舞台和俘虜了觀眾。演德政碑的狄夫人見武皇為子求情，就已美麗、婉約、

清麗得臻於完美了。

古典美人鄭舜英

妳演美人王昭君，人去馬遲意銷魂。手抱琵琶千年後，獨留青塚向黃昏。妳扮悲劇莫愁女，劇終湖深愁如雲。歌管樓台聲細細，簫聲庭院雨紛紛。

東方繆斯李玉蘭

美眼一轉，秋水繽紛。圓亮唱腔，韻飄彩雲。金雞玉兔，廣袖舒展；獨舞高歌，花旦至尊。齊姬美艷，唱唸銷魂；背妹上京，演技絕倫。萬歲繆斯，下凡王孫。

冷艷麗人劉小麗

在天子奇緣中，妳是冷艷殺手梓童；在梅亭雪這折子戲，妳堅貞不屈抗逆西風；在樓台會，妳悲切、腸斷無言以對梁兄；在大義巾幗，妳朗讀岳飛「血本」，塑造深明大義英雄；在趙氏孤兒，妳十六載悲悲切切，終等孤兒殺賊吹來春風。花旦、青衣，小麗明星閃耀藍空。

思春閨秀吳奕敏

扮正經、裝矜持、假發怒、寫愛詩、唸彌陀、心思伊、罵益春、傳話遲、扭捏捏、拜天地，追舟去、難自持……奕敏這一切行為，都為了掩飾妙嫦、碧珺、蘇六娘對心儀男人的愛。她隱忍、

含蓄、抑郁，一旦爆發就衝破一切禁忌去追求去實現。奕敏是閨門旦經典。偷詩、思凡、金花女、王寶釧、西施歸越是代表作。

悽苦青衣陳立君

妳演洗馬橋讓我悲淚潛然，妳演盡了嫠婦的苦難、堅貞的輝煌。苦守十六載，無奈盼來苦愛，他卻突然出現，這叫我怎辦、怎辦？酸甜苦辣一時全部湧出，翻滾長袖把愛恨攪得地老天荒。啊，妳名字一出現，未看演出我已悽苦心酸！

文武花旦王美芳

手抱琵琶曲悽惶，故國欲別馬徬徨。鳳雉一掠徐變疾，深情難別嘉峪關。杏眼含情、唱腔嘹亮、舞步輕盈、動作高難。時而美絕，時而矯健；時而含情，時如開朗，在白高梁、存精忠、玳瓚公主、殺惜、昭君出塞都有突出的表現。

瀟灑俊朗許惠珊

舉手投足，瀟灑優酷。眉眼傳情，俊俏好索。演是俊男，唱腔巾蟈。台下美女，心如撞鹿。惠珊小生，傾城傾國。看她演唱回十八，大飽眼福。

美麗「婢女」吳玉東

這紅鬃烈馬一出場，引人注旦倒是玉東演心蘭。她演唱戲份

少，但從出場到回轉，矯美身段、美麗眼神、蘭花十指、輕快台步、飛旋紅巾，都在沒有長裙、水袖的掩飾盡展美態基本功。玉東演冬哥、秋花、心蘭、春柳都是婢女配角，但一絲不苟，唱唸出色，配角也顯示她演藝才能！

甜腔美態陳婷婷

婷婷笑容的甜美，愁眉啼妝的悽美，清清唱腔嘹亮美，款款腰肢的纖美，配合女小生黃寶琪的瀟灑俊俏和女中音聲線，百花劇院有二美併就是撐起這藝術大堂的台柱。

碧芳丹麗兩相宜

數株綠竹情依依，丹麗碧芳演別離。聲調唱腔清似水，小生花旦配相宜。

後起之秀燕飛旋

林中潔白燕高飛，潮劇梨園花旦奇。美眼傳情揚正氣，濃妝淡抹美如詩。

美麗靜旋演若雲，圓圓臉蛋正青春。誰言配角發揮少？甫一出場人銷魂。

滄桑老生林武燕

林武燕唱做，有其獨特韻味。他粗獷浩瀚唱腔，是忠誠義勇

的風味；演趙氏孤兒程嬰，與李四海唱出換子悲悽；碑祭一幕，他在豪邁笑聲死去，洗刷一切屈辱壓抑。演蓋紀綱，掀髯表激動、托鬚表身分，捋鬚表悠然、拋鬚表藐視；揚袖表官威、拂袖是鄙夷、輪袖表思忖、舉袖表堅毅……他把清官、忠勇的老生誇張和細膩，都演得震撼心靈，很難磨滅。

潮劇「十最」傲群芳

最小演員吳杭：6歲演益春傳書，唱做細膩，唱腔貼絃，大眼睛可愛亮麗。

最高音黃曉佳：唱杜十娘自嘆，「狠毒之心」一句，音高鋼琴88C仍清麗。

最佳潮劇戲齣：掃窗會、井邊會、秦香蓮、辭郎洲、荔鏡記、春草闖堂、美人淚、謝瑤環、洗馬橋、告親夫、白高梁、金雞玉兔、德政碑、大義巾幗、
天子奇緣、紅鬃烈馬、趙氏孤兒、玉堂春、春香傳、梁山伯與祝英台、東吳郡主……

最多馳名老生：張長城大氣磅礡、唐龍通飽滿寬厚、王流書明亮透澈、黃盛典激情澎湃、李四海明淨高吭、林武燕磁性浩然、

張桂坤圓潤感人……

最美顫音唱腔：詹少君華彩明亮，王少瑜甜潤腔圓。

最有創意劇目：吳奕敏、黃映偉演武松殺嫂，彰顯女性光芒；余琼瑩、余澤瑩演梅亭雪，姊獨唱配妹芭蕾；張長城、林燕雲演夢會，人鬼相會訴冤。

最和諧的幫聲：林初發唱劉永祭江，以男女多部和聲的幫聲悅耳非凡。

最有特色音樂：潮劇二團洗馬橋旋律，西域節奏異國風情貫串全劇耳目一新。

最佳戲劇作曲：、黃欽賜袁崇煥、馬飛井邊會、蘇進成玉堂春、張華紅燈記、李廷波春草闖堂，他也是最豐產作曲家。

最佳戲劇尾場：春草闖堂、秦香蓮、洗馬橋、大義巾幗、趙氏孤兒。最差尾場是掃窗會（包青天亂判温相罪匆忙收場）；白兔記磨房會：思夫想子 16 年，夫劉智遠來了嫌他官細，打倒井邊會的李三娘。

梅花高潔　梨園飄香

——致陳江哲老師和小梅花藝術中心的信

按：這是我 2016 年寫給揭陽小梅花藝術中心和創辦人陳江哲先生的信。當年網上「360 搜索」和「優酷」個別網民，出於對「小梅花」童星的嫉妒和惡意，給她們造謠抹黑。情急之下，我致信陳述對小梅花的熱愛、支持；闡明我對演藝和人事的批評和建議。如今，台柱吳澤霞已赴英深造，方沐蓉在京劇院工作，黃曉佳上海戲劇學院學士袍披身回家鄉傳播潮劇藝術，水落石出，令人欣慰！

尊敬的「小梅花潮劇藝術培訓中心」領導和陳江哲老師：

我以敬佩和喜悅之心，寄這封信給您們。

去年清明節，應鄉籍揭陽姓劉友人之邀，在桂林東村略住數日。期間，他邀老年潮樂班和女唱班為我演奏、唱曲，從此，我熱愛潮劇被點燃成燎原之勢。回港後，拜電腦「360 導航」和智慧手機「YouTube」所賜，我找到從姚璇秋老一代至吳杭小朋友數以百計的潮劇錄影節目，更瞭解到陳江哲老師創立「小梅花潮劇藝術培訓中心」的過程和碩果。陳老師慧眼獨具、百樂識駿、

園丁至勤，使這座梨園梅影卓卓、梅魂飄香。「小梅花」的成就是劃時代的：黃曉佳、吳澤霞、方沐蓉、謝紫榆、陳佳佳五朵小梅花如璀璨的星星在藍天閃亮；一次次在全國少兒戲曲決賽摘金捧銀宣告潮劇登上名劇殿堂；小演員唱念做打的細膩精彩宣告這數百年古老劇種後繼有人；小梅花表演的專輯、折子戲在網上的耀眼甚至超越成年名演員明星；陳江哲、林蘊育、范澤華等老師辛勤汗水沒有白費。特別是曉佳、紫榆、澤霞等童星的陽春白雪表演藝術可以專著一書論述。

然而，網上卻流竄著某童星「被抓捕」傳言。假設謠傳「是真」那又怎樣？璞玉蒙汙要不要洗拭讓其再現碧透？明星被雲霧遮蔽要不要風吹再放光芒？花朵受風雪肆虐要不要呵護讓她盛開？陳江哲老師的心血汗水豈能白流、誣謗？不，不可以！何況她「出事」時才十幾廿歲，我們能「因一眚而掩大德」麼？

就如告親夫的結局，痛斥的是官家「無媒苟合」的污衊，審判的是蓋良才「淫亂閨閣、始亂終棄」的罪行，同情就應是天真的弱女顏秋容；玉堂春譴責應是甌縣令的貪贓枉法和三審的馬虎隨意，該歌唱應是堅貞、不屈的蘇三；在天子奇緣中要批判的是宮中到處淫亂的皇帝和不育妬意殺人的皇后，該平反的應是因美麗被迫「駕幸」生子惹殺身之禍的宮女春柳；杜十娘怒沉百寶箱要詛咒的是紈綺子弟的虛情假意，卻不因杜十娘曾是倡女而憎厭她；我們為春草闖堂的吳獨之死拍手，卻對民女張玉蓮被殺和李半月「認婿改書」寄以同情和支持……無他，我們對弱女受騙、欺凌有正義感，對恃權貪官為所欲為持痛恨心。以此來看萬慶

良、陳弘平這些地方老虎、蒼蠅使黨的綱紀崩壞、橫行鄉里,便會正確評價罪魁禍首和受害良民弱女,並放到法、理、情的天平來衡稱。

在香港,某影視藝人即使私生活再爛,甚至入獄,但復出之後,受擁戴、追捧未減;王菲幸來到香港,她嫁人再嫁三嫁,但盼她再展歌喉的人成千上萬;在美國,性感女星瑪利蓮夢露結婚、離婚七、八次,但受捧人氣始終旺盛;在中國國內,某諧星的私生活被揭罄竹難書,但今天仍授予 6 大銜頭可複出演戲。觀眾珍惜的是藝術而不是挑剔人的弱點。「德藝雙馨」言易行難,何況他或她技藝出眾、英俊、美麗,便成失德同行嫉妒、抹黑和貪官、土豪獵取的對象。

順便談談對潮劇表演的膚淺觀感。就姚璇秋主演和孩子們所演的井邊會,當然是姚老師細膩、經典而催人淚下;但小梅花的母子頻頻親近卻使人有所憧憬和遺憾有所填補而更感受親切和慰藉;春草闖堂的節奏太快也許是孩子的天性可以原諒,但唱念的熟、快又使人感到他們確能「做戲」;絳玉送粿唱念詞語粗俗卑劣和動作不雅、猥褻,建議不應由六、七歲孩童來排演。至於潮劇一、二團連續劇各場的連接邏輯、唱詞雅俗、譜曲順逆、幫聲和聲、食弦反調、唱功粗細、尾場優劣和主旋律的欠缺及管弦樂伴奏的改善和表現;潮劇如何走出帝王將相、才子佳人悲歡離合的窠臼?可從方展榮、鄭健英的老兵回鄉短短 10 分鐘演出獲 4次熱烈掌聲、張怡凰江姐扮相俏麗堅貞形象得到啟示;從老舍的現代劇龍鬚溝、茶館找到貼近現代、貼近生活、貼近群眾久演不

衰的原因；從莎士比亞戲劇和新加坡潮劇移植茶花女汲取靈感的泉源，是應研究、探討的課題。

同是春草闖堂的京劇、瓊劇、莆仙戲、潮劇的優劣；同是姚璇秋、張怡凰、余瓊瑩唱掃窗會的不同特色；同是小生陳瑜、林初發、林外貿、陳學希、林燕雲、許佳娜、謝紫榆、吳澤霞唱做的特色；同是旦角或青衣的鄭健英、張怡凰、王少瑜、陳立君、劉小麗、吳奕敏、楊瑞明、黃曉佳唱腔的不同特點；同是老生的張長城、黃盛典、李四海、林武燕、王流書的唱做特色；為何東吳郡主、趙氏孤兒、洗馬橋、大義巾幗、春草闖堂的尾場精彩感人而掃窗會、白兔記尾場狗尾續貂？名旦張怡凰和李勝素的蘇三起解特色？應從鄭健英唱腔學到甚麼訣竅？吳奕敏演武松殺嫂的潘金蓮為何全場掌聲震撼？折子戲為何更受觀眾青睞？作詞應從唐宋詞、元曲、雜劇汲取哪些精華？為何洗馬橋植入「西域」音樂、節奏令人耳目一新？為何沈園絕唱的大提琴、琵琶、二胡結合使人迴腸蕩氣？……都可專題探討。

最後，也許是馬後炮了，我企盼領導和老師，寬鬆對待如有犯錯的孩子和年輕人，他們的路還很長，可以在挫折中成熟。我祈求不再散佈流言蜚語玷污我們的美玉，保護我們的梅蘭菊竹幼苗，讓她復出再亮光芒！我欣喜地看到揭陽新聞網報導黃曉佳回小梅花藝術中心輔助學妹影照和消息！更高興曉佳從上海深造歸來創辦戲曲培訓中心並發表論文。我驕傲地斷言：即使去年汕

頭舉行 15 場「最美潮腔大賽」，獲獎者無論唱腔、演技、長相都
遠不及小梅花年輕演員，劉小麗、吳奕敏、林初發、吳玉東等明
星都是揭陽人，張怡凰、方展榮也非汕頭人，潮劇中心已轉移至
揭陽，這裏才是普及和提高之寶地。

書不盡意，端此奉達。

香港黃熾華 2016/1/20 日頓首

審批評語（一）

**按：這是我當年在藝術發展局任審批員對來書申請資助的評
語，現公開出來，表明我評審的嚴謹、認真、具體和鼓勵。**

《給女兒的信》LA11715

何老師：

讀了你給女兒君璵、卓如的信，深為感動：

一、你身教勝於言教。從讀書、做學問、宿舍生活、高
堂慈母、身邊老伴等點滴經驗，用來諄諄教誨她們：凡事做
好本份，真善真美。你耐心啟迪，語氣懇切，是父親，又是
老師；而這些內容，都以儒家精神一以貫之。

二、修身，齊家，治國，平天下。你不僅教女兒注意生
活點滴的修養和知識的積累，還把國家富強和前途與我們自

已聯系起來，這就有了方向和抱負，有了動力。

　　三、何老師還正確對待教學改革，盡心盡力去實驗去試行，這也給了那些動輒就反對、就吶喊、就遊行的教師作了好榜樣。建議將這些通信集向中、小學師生推薦、發行。

　　四、何老師的信語言平實，也不乏有精彩的格言式話語；加上自已的詩詞點綴，使信札錦上添花。只是書名及一些目錄平澹小許，希出版前有所改動，盼能吸引更多教師和學生。並致
敬禮

　　　　　　　　　　　米高黃 3 月 25 日頓

《察世篇》LA11682

一、　這是一本堪稱良友的著作，它教你出世、察世、入世、學問、寫作、格物、認知的方法和經驗，深邃得如入海洋，但領你見繽紛的世界，值得老、中、青的人去研讀，去咀嚼，去尋味。

二、　這又是一本堪稱精彩的禪思美文。它短而精，精而煉，即「世事洞明皆學問，人情練達即文章」。平實中見深刻，片言裡見廣濶。

三、　一頁書，一所悟；一所見，一所得；聯係實際，閃哲思之光芒，抒真知之灼見；邏輯推理縝密，出版社經驗老到。

四、　此良友之文萃也！

《文苑繽紛》 LA11669

一、 作者像考古工作者，挖掘、清理，辛苦地爬羅剔抉，將掩埋的文學古董、老一輩作家的掌故，一件件再現光輝，瀰足珍貴。

二、 說的是事實，卻寫出不同時代作家的理想、企盼、心聲；從而也反映了中國文學歷史的坎坷和政治對作家們的羈絆。

三、 那怕是一首小詩一副名聯一封書信一句引語，都讓事實說話，從而表現老作家治學的嚴謹。

四、 感謝作者老當益壯，搜集、整理出如此翔實、豐富的文學史料。

《視 窗》LA11629

一、 作者也許是中共「那邊」的過來人。許多大陸那邊少為人知的人和事，成功和失敗，經驗與教訓，期盼和展望，既具體又清楚，值得一讀。

二、 以史為鑑，可以知興替；以人為鑑，可以知得失。此書的短文好處就在這裡。希望出版後各省、市領導，中央一級人物可以置之几案。至於文革的結論，歷史早已下了：十年浩劫。毛澤東的功過，中共如阿 Q，怕人說頭上的「癩」，那就待實現民主政治再議吧。

三、 有感於平實有餘，文彩不足，幽默及運用歷史之鏡來鑑證也厥如，說明要提升文章價值，加強深度，非讀史不可。

《遙遠的書房》LA11760

一、這是一本如花似錦的散文，姹紫嫣紅的園圃散發着清淡的幽香。讀她，如在遊園：從江南到江北，由古典到現代，由幽深到明朗；嚼她，像留香的扁豆，如濃烈的可可，是清甜的蓮角……

二、一忽兒停步沉思，一忽兒漫步聯想，一忽兒思緒飛揚，一忽兒引吭高歌；情景兩融，妙合無間。這才是散文精妙之所在。

三、篇幅短小精緻，全都不超過一千二百字。行可當行，止於當止。行吟寺院，攀登名山，徜徉湖畔，撫欄懷想，拈花禪偈，由小見大，都有可觀。

四、要說缺點，是敘述方式，睹物抒情，似有一個不變的公式，行筆也慣於一個格調。這，也許是作者的風格吧。

《我到江南趕上春》LA11634

一、老作家出手自是不同凡响：無論是江南趕春，漫說湖山，揚州一夢，拈草看花，都與唐詩宋詞關聯溶合，因而宜古宜今，韻味盎然，可讀性高。

二、雋永處是說廣州十三行、荔灣湖，歷史的脚步一路走來，結合典故、傳說、掌故、娓娓道來，引人入勝。寫桂林、陽朔、竹筏、漓江、村姑，如詩如畫，親切感人。

三、 老作家辛苦了。抄寫二十餘萬字，錯別字不到二萬分之一，這是當今青年人的榜樣，也是我的模範。

四、 要說缺點，是由《湖山勝處賞茶》至《行棧道、遊巫山》那數篇動輒萬餘字，寫得雜沓，淡而無味，成了流水賬的記述，顯得江郎才盡，拉夫湊數，刪去一些好吧！

五、 在下於貴文章旁或結尾有一些評點，不擦去了，僅供參考。

《家有肥大廚》LA11705

一、 藝發局文學組接這本炮製菜譜《家有肥大廚》真有點怪誕：為何不送去環境衛生食物局審批呢？

二、 所有菜餚，並不特別好味：

　　A、 幾乎都是熟油、爆香蒜頭薑、葱、辣椒；

　　B、 都是燥、温、熱的炒法，不是太健康的食譜。

三、 全家參與者都是肥：肥仔爸、肥媽、肥婆、肥妹、肥佬……個個肥，只差高血脂高血壓高膽固醇高血糖，傳達的是落後訊息。

四、 只有備料、配法、炒法，如何「可口」，卻缺少益處、身體燥熱者注意甚麼？食物標籤呢？科學依據呢？這是本司空見慣的烹調書。

五、 文學組錢有限，焉能資助這類彩圖斑斕價值不大的書呢？

審批評語（二）

按：這是我 2008 年當香港藝術發展局審批員審批來書的部
分資助申請（4 分以下不批）。號碼是書名代號，當時
保密，現在刊出。

10／12258：出版計劃可行　內容充實藝術稍遜　4 分　10000 元

1、本《藍巴勒隨筆》談環保，遊歐亞、講生死、懷舊情、
論經濟、說統獨，理念與「佛陀」聯係導人向上。

2、作者時而引外國權威的話，時而引中華典藉，其叙述、
求證、結論，以事實說話，行文服理、服貼、服眾而達
到「正心」的目的。

3、寫隨筆，既然是隨便談，大可輕鬆一些。本書有硬繃繃
之嫌。素材雖多而真，但寫得僵硬，減少閱讀興味。

4、建議讀余光中、林山木、董橋的散文和隨筆，可獲益而
提高寫作水平。

**11／12394：獲益出版可招徠讀者　申請數目太巨　7 分　15000
元**

本文集分散文遊記、微型小說、新詩選摘、人物訪談、文學
活動五個部分：

1、散文遊記—寫得准確、鮮明、生動。讀萬卷書　如行萬里
路，故內容充實，

意境優美。其中以《太平洋的呼喚》、《歐洲風情畫》、《上海傳奇》、《硝煙已逝》、《戰場》為好。缺點是：欠缺文學性，有見必錄，故爾冗長。若能從《石鍾山記》（蘇軾）、《登泰山記》（姚鼐）等吸取養料會有提高。

　　2、微型小說—以身邊瑣事改寫，是記敘文，沒有小說特色。

　　3、　新詩選摘—明朗、健康、亮麗而又空靈，如＜流星雨＞等較佳。

　　4、人物訪談—提供了富有文學意義的資料。

　　5、文學活動—豐富、經典，可讀性高。

12／12495：本書內容未能達到預期效果　3分

1、構思頗獨持，旨在呈現都市女子生活百態，以公主手記來描述比直接的勾勒、描寫和批判更有創意。

2、欣賞每一場的開頭，如一首詩，然後演繹，恰如寓言、童話，可引人翻閱。

3、圖畫濃淡得宜，與文字脗合。

4、《公主手記》的文，若成年的「公主」讀之，未能震撼，因「症狀」把脈欠准；但看插圖，又似是少年女童讀物，文字是成年的，如何讀得進去？

12／12549：支持青年作者　出版計劃可行　6分　15000元

1、首先要問作者：你自己醒未？你寫許多瑣事，常常多愁善感如林妹妹。對男對女對老對嫩都格格不入，他（她）們是「牛」

男、「類」人、「悶」人、「粉」人，你自已找不到位置。

2、善於觀察，敏於觸感，坦率真誠，但對愛情、朋友、長輩、同事的議論，評頭品足仍是幼稚、可笑的。但你文詞流暢語言俏皮；不用人情練達也成文章。假以時日，會像林燕妮、深雪她們那樣的「好」。

3、由《光陰虛擬》開始，你寫得越來越好，文字漸入佳境。

4、你的文詞、才情越後越精彩。想起你年輕，只要做好呢分工，文壇會後繼有人，請贊助一小部分。多了不能鞭策寫得更好。

13／12557 有出版、推廣經驗 文章老成　6分　15000元

1、這本書洋洋大觀，是作者幾十年情的頌歌。它概括為鄉情、親情、書情、文情、閒情、旅情、心情、藝情、餘情，表達了「七情六慾」。南朝・劉勰《文心雕龍・明詩》曰：「人品七情，應物所感。」文章就建築在應物二字，故真切、豐富、感人。

2、「九情」的表現手段也各異：親情溫馨，鄉情濃郁，書情雋永，文情經典，閒情散淡，旅情醇樸，心情曠達，藝情清奇，餘情飄逸。

3、也許作者是「名作家」吧，為追求自然，信筆寫來，冗長而不修篇幅。例如寫回金門、東京八子王就有許多重複。不妥貼的字句如：

「餅乾糕點包裝得美侖美奐」、「足見她對食物是非常有心的」、「真是收獲　淺」、「一杯熱得冒煙、燙手的滾水」……期望

修改得精准才付梓。

14／12600 **文字樸實 申請實事求是**　7 分　5000 元

1、《香江試筆》結集 53 篇詩文，内容豐富：從萬泉河帆影到家鄉那口荷塘、膠林晨曲；從鳥市到廟街看戲、琴聲，傾訴坎坷路，抒發游子情，讀之喚起回憶，悟到珍惜。

2、文字樸實而不失淡泊，行文精煉又不失蘊厚，題目普通而見之親切。唯詩作較淺薄不及短文好。

4、申請 5000 元是低數。為了支持大眾文學和本土作家，建議如數批准出版。

萬紫千紅

——21 世紀中國文學的展望

在香港中央圖書館的書架上，乍見由周良沛先生主編的一排巨著—《中國新詩庫》時，我驚呆了！十大本精裝，每本約三寸厚，二斤重，一百餘萬字，合共也有三尺之高，二十餘斤重，一千餘萬字。這「大塊頭」竟出自正受惡疾煎熬，痛苦難耐，日益消瘦的著名詩人周良沛手中，這需要多大的決心和堅靱不拔的毅力才能完成啊！上至「五四」，近至一九九九年，著名詩人的主

要名篇都收入了。而且，每名詩人選集之前，周先生都為其作序、推介，由內容至藝術特色、缺陷，單是序言合成一集（已經單行出版），也有一百五十餘萬字。這一作為中國文學界向廿一世紀的獻禮，是多麼隆重，意義是多麼深遠！由此我想到：

一　巨人回顧的目光自是與人不同

　　文學巨人回顧中國二十世紀中國文學的眼光，與他人大異奇趣：巨人因為高，看得寬，觀得遠，辨得細，察得微，於是不但明察秋毫，也見輿薪。單就新詩，洋洋大觀：如繁星之閃耀，高山之巍峨，森林之豐茂，波瀾之壯濶。也許有人說：那些詩啊，多為時代而作，政治而歌，有甚麼偉大？不！《新詩庫》所收的正是一個世紀以來大詩人們嘔心瀝血之代表作。胡適、郭沫若、戴望舒、聞一多、徐志摩；艾青、臧克家、賀敬之、流沙河、郭小川、聞捷、蔡其矯、李瑛、鄒荻帆、柯岩、綠原……其中不少經典名篇許多人耳熟能詳，甚至背誦如流。文，難道不是「合為時而著」，詩，難道不是「合為時而作」嗎？一個詩人，不為時代的前進吹響號角，不為人民大眾的疾苦呼喊，不反映時代的潮流，有生命力嗎？有不朽的詩篇嗎？《新詩庫》的問世，就窺見中國文學藝術的偉大成就。至於小說、散文、劇本、音樂、舞蹈、戲曲，豈不令人瞠目結舌！萎縮在個人的狹窄天地，胸襟侷促，目光短淺，夜郎自大，當然會得出悲觀的論調。

　　作家寫作，離不開個人情感；而情感又離不開時代的感召，

國家的興亡，人民的苦樂。歷史經驗證明：偉大不朽的作品，只有作家本人苦其心志，勞其筋骨，才能天降大任於斯人。世上飽受壓迫、折磨、貧困、落拓的大作家多的是。莎士比亞、莫里哀、易卜生、巴爾扎克、契訶夫⋯⋯他們有的做苦工、坐牢、流浪；至於中國，屈原既放，而有《離騷》，司馬遷入獄宮刑，憤而作《史記》，司馬光被革新派排斥而編《資治通鑑》。偉大的杜甫之成詩聖，柳永之詞市井能歌，曹雪芹流落北京西郊，家族的興衰使他看到社會動盪沒落的投影而作《紅樓夢》。我們從上舉的例子可以看到文學天才走過的路，不禁想起我們（也包括外國）民族最寶貴的文化都是在飢寒中、刑獄裡、流放等沉重壓迫下產生的。「堅韌不拔，這原是中國作家傳統的精神素質。」（蔣和森《紅樓夢論稿》P160，人民文學出版社 1959 年第一版）

　　那麼，「右派」的帽子，十年文革的冲擊，四五十年後還能喋喋不休地訴說沒完嗎？就可當作百年中國文學的回顧嗎？就可擋住你前進的步伐嗎？許多感人詩篇，催人下淚的作品，不是在僻壤、「牛棚」裡誕生的嗎？据《上海詩人》報記者粗略統計，新世紀以來，老詩人白樺先後發表了長詩《越冬的白樺》、中篇小說《陽雀王國》、散文隨筆集《百年一瞬》、《一半陽光，一半陰影》、《如夢　月》，還有長篇小說《一首情歌的來歷》，三部電視劇共七十集，其中《滇池上的月亮》即將播放。此外，還在眾多的報刊、雜誌發表大量的詩歌、小說、散文，在讀者中引起巨大的反響。白樺的身世、遭過，大家耳聞目睹。但他有中國作家堅韌　拔的特質；不灰心，不意冷，不沉淪，繼續前進。聽他演

講，豁達大度，深沉內斂，在文學的河流中繼續搏擊奮游。在香港出生、生活的作家，真是太自由、幸福了！我們又可在上述古今著名作家得到哪些教益和啓迪呢？

二　中華傳統文化　有無窮生命力

是的，我們不是預言家、占卜師，難以描繪今後一百年中國文學的走向、成果，但回顧卻使我們可以科學地預測：新世紀中國文學前景是樂觀的，光明的。戰國時代可謂亂矣，但卻帶來了學術、思想上的百家爭鳴。先秦諸子的散文，至今仍是我們研讀的教科書。秦統一後的焚書坑儒，是摧殘中國文化一大浩劫。但以後怎麼樣？中國文化完了嗎？沒有。漢樂府的民歌、兩漢的政論、史傳、漢賦；魏晉南北朝的建安詩、抒情小賦、田園詩；唐詩、宋詞、元曲；即使清大興文字獄，中國文化不僅沒有亡，連康熙、乾隆，也受漢文化所同化。明清小說及小品文，更是出類拔萃。

文化大革命十年，是摧殘中國傳統文化的十年。但它關不住、燒不完。從八十年代的「傷痕文學」至九九年合十九年，單就詩歌各種流派就多如繁花：傳統派、朦朧派、現實派、現代派……青年詩人輩出，唱自己所喜唱，抒自己所願抒，完全自由，沒有束縛。這正是對文革萬馬齊瘖的反動。你如果去新華書店，數不盡的詩歌、小說、散文、評論專集令你眼界大開，上世紀九十年代後，僅長篇小說就可以開一列長長的書單，例如李佩甫《羊的

門》、莫言的《豐乳肥臀》、李銳的《舊址》、余華的《兄弟》、王安憶的《遍地梟雄》、畢飛宇的《平原》、東西的《懺悔錄》、賈平凹的《秦腔》、閻連科的《丁莊夢》等等。（引自南翔教授《大陸晚近二十年文學 的收獲與缺失》論稿，2006 年 12 月 1 日），你就感到中國文化正在偉大的復興。

三　解讀胡錦濤講話　前景樂觀

第七屆全國文代會 2006 年 11 月 10 日至 14 日在北京召開。中共中央總書記胡錦濤作重要講話。「講話」帶給我們甚麼信息呢？

1、文藝工作者頭上的「緊箍咒」進一步解除。

自從毛澤東在延安提出「文學藝術政治標準第一，藝術標準第二」以及「階級鬥爭在社會主義時期有時是激烈的、你死我活的」〔《建國以來重要文獻選編》第 16 冊 P447〕，「利用小說反黨是一大發明」，這是套在文藝工作者脖子上的絞索。現在胡總宣佈：「社會和諧是中國特色社會主義的本質屬性，是國家富強、民族振興、人民幸福的重要保證。」和諧作為主調，他還提出「利為民所謀，權為民所用，情為民所系」的新「三民主義」。可以預見：隨着老「左」派不斷消逝，中央領導班子年輕化，知識分子及技術官僚掌權，未來對文學藝術的束縛將愈來愈少，愈來愈寬，作家馳騁的天地將更廣濶。對於這點，很多「過來人」的學

者都異口同聲認同。《人民文學》前主編、著名作家劉心武在《作家個人在時代的選擇》的講題中就指出：二十一世紀，中國作家在時代中的個人站位選擇，有了空前大的可能性。南翔教授更具體舉出許多中、青年作家的名單和名著，並總結說：「從企業轉型到大學教育，從歷史變遷到歷次運動，從里巷艱窘到豪門炫富，從柔情溫婉到人性乖張……，中國文學從沒有呈現這麼寬濶的出口，從沒有表達這麼恣肆的流瀉，從沒有上演這麼率性的騰轉。」（引文見前篇）

2、構建和諧文化 是中國傳統文化的核心

和諧，其核心歸結為一個字，就是「仁」。天下歸仁，則世界可免戰患、恐怖、飢寒、疫病。於是「周公吐哺，天下歸心」則領導順　，中華為世界所翹首仰望。文藝工作者抓住和諧的主調，就能高屋建瓴，視野開濶，就有寫不盡的題材：頌揚人性博愛，倡導社會和睦，鼓勵貧富互助，呼吁世界和平，相處和而不同。「用充滿激情、生動的筆觸，優美的旋律，感人的形象，升起更加昂揚的理想之帆，描繪更加美好的生活藍圖，激勵更加堅定的奮進信心……」。

和諧還求作家要有良知的心靈。昔日熱衷「與人奮鬥，其樂無窮」的劣根性應該拋棄、清洗，否則對到處鶯歌燕舞、和平崛起的新形勢、新生活會格格不入或視而不見，聽不見時代的主旋律，抓不到近在身邊的生活素材而蹉跎歲月；反而去寫脫離實際的「後現代」小說、詩歌。和諧更提倡互相包容互相尊重，拋棄

唯我獨尊，文人相輕的陋習。香港的作家隊伍要團結，要同舟共濟，要互相「取暖」，不要利用山頭，各自為政，互相攻擊，謾罵、敵視。香港彈丸之地，一次小小風波就泛起大波動和震蕩。若心靈不和諧，又如何有和諧的作品、和諧的隊伍，和諧的前景和樂觀的希望？故認真領會胡總的講話更能開濶我們的胸襟而站得高看得遠。

3、「三貼近」是文學創作的源流活水

　　胡總提的「貼近實際，貼近生活，貼近群眾」與毛澤東要求文藝工作者到工農兵中去，到火熱的鬥爭生活中去的号召不同之處是，「貼近」，更加寬廣，更加包涵，只要是群眾的實際的生活都可以寫，且不一定要親身參予。「三貼近」首要是群眾，有群眾的地方才有生活的題材，但生活有美醜、真假、善惡之分，這就是實際，是文藝創作的源流活水。「長太息以掩涕兮，哀民生之多艱」（屈原），「先天下之憂而憂，後天下之樂而樂」（范仲淹），「心事浩茫連廣宇，於無聲處聽驚雷」（魯迅）。熱愛人民群眾，熱情謳歌人民群眾，其作品就會在人民群眾中受熱愛和歡迎。反之，為自己的私心私利標奇立異，迎合一時的低級趣味的庸俗作品，必被歷史的洪流所陶汰。

　　貼近實際和群眾生活並非只是中國大陸作家的經驗和感受。著名美藉華裔詩人、香港大學文學院名譽教授鄭愁予就說：「巫覡非在位，仁政是不可期的，落在人間的巫覡其命運總是與詩、與樂、與色彩、與表演、與自然結緣，當關懷社會的敏感觸

及了，便免不了與政治衝撞；當國族瀕臨危難，便不乏赴難殉身的人，所以，這詩的大河其主流就是源自關懷生靈巫覡的禱辭。」（引自 2006 年 11 月 30 日在文學的回顧與展望的講話《一條大河的兩道水流——二十世紀現代詩的波濤和流向》，以下引文簡稱《波濤和流向》）鄭愁予教授更直接肯定：越來越多寫作的人，時而表現人道關懷，憂慮民族命運及向政治介入，正是自然的傳承。革命詩、抗敵詩、挺民詩、吶喊詩；乃至捐軀之際的絕命詩、就義詩、殤烈詩……。他們呈現的為生民而生的生命意義，「必然會達致無愧於心的成就」。

4、繼承和創新是兩個重要的輪子

這個提法有極強的現實意義和針對性。文學作品寫到至今，許多人把繼承的輪子丟了。拾外國的唾餘，丟傳統的美饌；寫看不懂的詩，看別人的電視劇；不要民族文化，空着腦子創新。甚麼後現代、新解構主義、象征派、抽象派，連自己也讀不懂就硬去模仿，造出個稻草人只可一時嚇鳥，卻也頭重腳輕根底淺，嘴尖皮薄腹中空。太平天國號稱百萬大軍，只因提倡異教，入「上帝會」，離經背道，鼓吹異端，故被曾國藩以儒家禮義仁愛武裝起來的三十萬湘軍消滅。因此，我們老一輩作家、教授、學者、博士生導師，要將繼承與創新兩個輪子一齊交給年青人。只有優秀傳統文化的繼承，創新才有希望。鄭愁予教授所以號召：是時候了，從河的觀念來看，現代詩應該將：「未來」「傳統」做一個源遠流長的總認識，所以「傳承的必然」或「要傳承甚麼」將是

二十一世紀的課題。他並根据自已寫詩的經驗，從內容到形式，作了「我個人的現代意識」與傳承結合在現代詩創作方法規納為：1、贈答詩：（含唱和、讚頌、悼亡詩等，愛情詩可視為別裁）2、山水詩：（以自然為依歸的詩、含旅遊詩宇宙趣味）3、即興詩：（含政治感應或社會批評的作品，有歡慶有悽愴的）4、閨怨詩：（可視為戰爭詩的別裁，含傷時、歸思的作品）5、濟世詩：（詩歌的藝術 VS.詩人的天命）（引自《波濤和流向》）。看：著名詩人給我們列出多麼具體、傳承與創新的創作經驗清單啊！

5、文藝家要做到德藝雙馨

德，不是要你突出政治，聽誰的話，馬首是瞻；要的是做人的起碼道德準則，牢記作家的社會責任，忠於祖國，忠於自已的民族和人民，培養自已和人民的荣辱觀，倡導、傳播先進文化，弘揚人間正氣，塑造美好心靈。這樣就符合時代的要求，人民群眾的需要，你就受尊敬、推崇；加上你的生花妙筆，才華洋溢，你就前途無限，佳作留傳。否則，即使你是個天才，但沒有起碼道德規範，火花只能一閃即逝，這種「個案」可以舉出許多。

結　語：中國文學前景樂觀

回顧中國文化發展五千年可以見到一條主綫：即使有多大的風暴摧殘，她的生命力是無窮的。中華文化積澱豐厚，孳生不

息，並越來越豐富、精彩。只要我們牢記自己的社會責任，把握時代的風帆，使自己的作品貼近實際，貼近生活，貼近群眾，努力提高自己的道德修養和文化水平，德藝雙馨，並隨着電腦科技的日益發達、昌明、普及和應用，隨着人類航天技術的日益成熟，我們寫作的空間不久就可寫世界、頌太空、探嫦娥、登火星、描宇宙；而寫作出版的手段也更快、更好、更準、更圖文並茂。只要你學會使用新時代的網站，（其實容易到一、二小時就能學會）你也可以將自己的作品「貼」上去。時代的風雲人物其實就是你！老了可以學習，不要妄自菲薄，甚至以自己一孔之見，一己私慮，就預言廿一世紀中國文學發展的前景是悲觀的。這不僅不符合歷史的事實，也不符合人類幾千年的文明發展史和科學發展觀。

　　中國第七次文代會在中國近代文學史是劃時代的。中央政府由過去的束縛到今天的鬆綁和支持；作協主席由過去的八、九十歲代之以四十九歲，年青人領軍，活力無限，前景光明。萬紫千紅總是春。今年（08 年）7 月 21 日，筆者有幸在會展中心參加一次文學研討會。會議結束後，在往歡迎宴會的途中，與新上任中國作協主席鐵凝女士並肩而行。我問：「現在內地作家寫作的空間大嗎？」鐵凝：「完全自由。好像我，想寫甚麼就寫甚麼，沒有限制。」黃問：「去年年底，香港有一次文學研討會，回顧中國百年中國文學和展望其前景，有人認為：廿一世紀中國文學的前景是悲觀的，您說呢？」鐵凝主席噗哧一笑：「前景當然是樂觀的，我剛才在會上舉了很多例子。」可惜已到宴會廳，多人一湧而上，爭相與這位美女作家、新任中國作協主席合影，無暇

再交談下去。但是，井崗山／草原綠／隔山隔水談心／滕王樓閣／吸引北疆人／同論錦濤報告／情激蕩／雁陣橫陳／前程路／長天秋水／紅霞無垠……這是 11 月 10 日召開的中國作協代表會上內蒙老詩人賈漫，在討論胡總講話後即席賦下一首詩的上半闋（引自《上海詩人》報第十五期頭版）。文藝工作者團結起來，行動起來，為中華文化的偉大復興添磚加瓦，推波助瀾吧！

此文為回答香港藝術發展局文學組 2006 年 11 月召開的「二十世紀中國文學的回顧和二十一世紀的展望」研討會中，與會者多人否定二十世紀中國文學的成就，並得出「二十一世紀中國文學展望悲觀」的論調。原載於《香港作家作品研究》卷八。

餘 霞 散 綺

—— 評《遙遠的書房》

確切地說，《遙遠的書房》是一本散文詩。「散文詩」不是機械地散文加詩的文體，而是散文如詩的洗煉、含蓄；又有散文的妙曼、散宕和自由。請讀如下的句子：「來自當年四鄉的賣花女，她們嫣然一笑的純真，早已凝結在千百朵百合花上。哦，紅色的金橙色的百合花呀，至今依然是純真無比的愛和夢的化身，是百年　變的人生寄思……是的，歲月長逝，花魂猶在。」（《花墟詠嘆調》）又如：「戴着圓月似的遮蔭帽的漁家老婦，揹着一袋大海

螺殼跨進市集，我忙掏錢買了一個。因為，這是大海的耳朵，捧着它諦聽，聽大海的波濤中有最深沉的抒情！」(《流浮山遊趣》)再如：「籠內天地，沒有高山的崢嶸，沒有雲天的寥廓，沒有搏殺的瘋狂……失去虎威的歲月，只能迎接人類的指指點點……」「立着，如一朵朵火焰，行走，似一簇簇紅雲……你們分明是火紅的精靈，是會飛的朝霞」(《香港動植物公園詩意　美洲虎‧美洲火鸛》)。詩意、象徵、哲理、抒情熔為一爐，常人司空見慣的物、事，妙筆譜出優美的詩篇。

　　試以《花賦三章》為例：寫含羞草，是詩呢，還是散文，你已難以分開；寫紅玉蘭，既是淒美，也帶慘笑，花魄與人魂合二而一；寫吊鐘花，是花，又是燦爛的鐘聲，是讚美又是慰藉和寄託，更是响往着美好和輝煌。特別應該一提的是《嗩吶隨想》，作者繪聲繪影地描寫嗩吶手吹奏的形象，明麗無比的百鳥啼囀樂聲，抒發中華民族近百年「曲曲折折、悲悲歡歡、轟轟烈烈」奮鬥的豪情與滄桑，段句縝密，語言精煉，形象的描繪與高昂的抒情，恰如一曲跳躍亮麗的嗩吶歡歌。《蘭亭二題》，帶你進入一千六百年前的蘭亭，體驗惠風和暢，曲水流觴，賦詩吟咏，儒雅風流的情景，使人熏染心智，洗滌塵思；遊目騁懷，俯仰之間，興感頓生，讀之能不嗟嘆！新增加之《萬古之魂》等篇，則以現代主義的象徵手法，睹物抒懷，跨越時空，呼喊萬古，聯想深遠。語詞的洗煉，已經　可增減一字，恰如清淨溪水，一忽兒騰躍奔流，一忽兒潭影悠悠，物換星移，感慨萬端……

　　即使是標題，若加少許字詞串聯，也都充滿詩情畫意：如《遙

遠的書房》之《聽雨樓》上，品味《竹葉人生》，　禁《瓜情綿
綿》；《紅風箏》恰似《相思鳥》，《聽楓》，《蟲聲秋趣皆天籟》……
每篇散文，是裊裊的洞簫，吹出歲月無限意；是級級石階，引入
野趣純真情；是淙淙的泉聲，帶人探幽武陵源；又是蹀躞的屐音，
扣問古典和現代……

　　總之，《遙遠的書房》如一座繽紛的園圃，散發着清澹的幽香。
讀她，帶你遊園：從江南到江北，由幽深到明朗，一忽兒停步沉
思，一忽兒漫步聯想，一忽兒思緒飛揚，一忽兒引吭高歌；咀嚼，
像留香的扁豆，如濃烈的可可、清甜的蓮角。行吟寺院，攀登名
山，徜徉湖畔，盤桓河邊，撫欄懷想，拈花禪偈，由小見大，皆
有可觀。篇幅短小精緻，行可當行，止所當止，這才是散文精妙
之所在。用謝朓的詩句來形容，就是：
餘霞散成綺，澄江靜如練

　　今年夏天，我曾電問夏智定行踪，其夫人曰：佢去遙遠的書
房矣。原來，上海故居，有父輩留下來的一叠叠古書，散發書香。
他每年都必定遠離香港塵囂，來書房接受中國古典和儒家文化的
熏染和浸潤。何況書房臨海，濤聲陣陣，怎不浮想聯翩，憚思美
文，由此而生。智定先生現把近年來發表於報刊雜誌的散文，如
擷春之蘭若，夏之蓮荷，秋之金菊，冬之紅梅，集成姹紫嫣紅的
花束，印成清香四溢之《遙遠的書房》，讀着，你一定有美不勝
收的享受。

　　　　　　2007 年 12 日 5 日香港藝術發展局約稿

廿一世紀中國文學展望

　　香港藝術發展局文學組，於 2006 年 11 月 29 日至 12 日 1 日一連三天，在中央圖書館演講廳舉辦一個題為《二十世紀中國文學的回顧與廿一世紀的展望》國際學術研討會。來自中國大陸、美國、台灣、香港等國家和地區的文學家、教授、評論家，共有四十五位發言，提供的論稿 32 篇。學者們從不同的角度、經歷、回顧、審視中國自「五四」以來文學發展的道路和自身的感受。中國社會科學院文學研究所研究員、研究院生導師楊匡漢教授的論題是《走過一個文學世紀》，側重回顧、關注了茅盾、沈從文、錢鍾書等人的經典作品《子夜》、《邊城》、《圍城》，指出其價值不僅在於歷史敘事，而是對中國問題的發現；還着力剖析了二十世紀中國文學的「過渡性」特點，指出其變革過程中存在的功利主義傾向、仿製傾向及心理衝突傾向的局限，重新領悟百年文學的內蘊和真諦。北京大學中文系謝冕教授在題為《中國新文學的宿命》指出：中國近百年都在尋求療救沉疴的「藥」，從梁啓超到魯迅皆實踐文學救國的主張，是故中國新文學一開始就帶着「苦」味，因此新文學是一部充滿哀愁和激情的文學史。上海作協著名作家白樺說：文學像河流那樣，是自由的，又是不自由的。因為自由自在的河流也會屈從於寒冷季節，因結凍而停滯；也會

屈從於大地的地質活動被迫陷入溶洞，因極限而成為潛流，很久
地無聲無息被埋沒。他以自身經歷，表達他的文學和生命的深切
體驗。著名作家劉心武在《作家個人在時代的選擇》論題中指出：
二十世紀的中國，個人寫作遭受政治的強烈干預，二十一世紀，
中國作家在時代中的站位選擇，有了空前大的可能性。深圳作協
主席彭名燕女士指：一個時代的發展，從政治到經濟留下的印跡
是多姿多彩的，新都市文學的屬性，就是新生活的「主旋律」靠
我們作家去彈撥。眾多的學者則特別針對四十年代抗戰時期、五
十年代反右、十年文革給作家和文學的影響和冲擊各抒己見，或
論證其傷害、失敗；或論證其前進、成就，論據充分，雄辯滔滔；
情感真，聽者動容，深受啓發。

　　香港藝術發展局文學組主席寒山碧先生，在題為《從「文學
革命」到革文學的命》的發言中（他聲明只代表個人，非代表藝
發局立場）指出：從陳獨秀高張「文學革命」的大旗到魯迅認為
「廢止漢字」是正確方向到提倡「革命文學」，以及毛澤東提出
文藝為工農兵服務，為無產階級的政治服務，「是套在文學脖子
上的絞索」，革命文學「使知識份子失去自我，所以二十世紀中
國的大多數作家都只想贖罪，甘當「無產階級」的奴僕。寒先生
說：「我認為在二十一世紀來臨的今天，作家也別無出路，作家
的唯一出路，就是必須勇敢地義無反顧地起來捍衛文學自由」。
台灣政治大學中文系尉天驄教授在《反省與展望》的講題中指
出：當整個民族失去了主體和發言權後，將會強烈地否定自身民
族的一切事物，也就未能創造出深刻有力的作品。他寄望：只有

當中國人的悲苦（他痛陳「反右」和十年文革給知識份子帶來的苦難）和中國人的智慧能結合起來，才會為世人帶來更多的向前的力量。美國南加州大學東亞系比較文學系張錯教授的講題是《抒情與寫實─中國新詩兩大發展路綫的扞格、互動與調適》，他試圖在中國新詩百年發展史內，抽樣研討，顯示詩人在三種歷史辯證架構過程下，呈現抒情與寫實兩條主脈，互為表裏。台灣佛光大學中文系黃維樑教授則論證二十世紀不少中國知識份子因中國文化處於弱勢而憂，建議以中國文論　構《文心雕龍》為基礎，建構中國文論體系，化憂患為行動，奮起高翔，成為飛龍。

　　然而，有的著名學者和詩人卻在發言中肯定中國文學二十世紀的方向和成就。香港大學中文學院名譽教授、詩人鄭愁予先生總結幾千年中國詩歌「一條大河的兩道水流」（創作與傳承）的關係。他特別指出：每當世上的憂患苦難升高，世上有巫覡秉賦的人就更多的顯現出來。到了二十世紀，越來越多寫作的人，時而表現人道關懷，憂慮民族命運以及向政治介入正是自然的傳承（因上至詩經、楚辭及唐詩宋詞皆如是）。歷史上的以及在世的詩人為理想獻出了生命，留下無數熱血的作品：革命詩、抗敵詩、挺民詩、吶喊詩、憤志詩；「當瀕臨捐軀之際，乃有獄中詩、絕命詩、就義詩、殤烈詩……他們呈現了巫覡秉賦中為生民而生的生命意義，達致無愧於心的成就。」雲南省作協主席、中國詩歌學會副會長曉雪先生，在題為《中國新詩的回顧與展望》的演講中，以三個三十年來回顧中國新詩的發展史，舉證了各時期眾多的名詩人及其代表作，展示了百年新詩的風貌和偉大成就；指出

今後我們向外國學習一切有用的東西，也要努力吸收「孔子的智慧」，以自己獨特的創造力，參予「東學西漸」和「東化」的文化交流。深圳大學文學院教授、中國一級作家南翔先生在《大陸晚近二十年文學的收獲與缺失》演講中，以實事求是，過人來和實地觀察者身份，指出今天大陸文學對歷史與傳統的掘發，有了更理性、更審美的態度，對人物及其所處時代的關係有更精制的闡揚；文學對現實的觀照，有了更多的比較，世道演變的洞見與人性幽微的覘知，一起成為作家的興趣和審美的生發點。南翔教授還列舉了一係列的長篇、中篇、短篇小說的作者和長長書單加以佐證：「上世紀八十年初的文藝形勢不靖及意識形態的裹縛，對文學的局限，到九十年代以降，尤其進入二十一世紀，日趨式微。政治包括新聞等意識形態依然樊籬多多的情境下，文學探索也並非一馬平川與軍歌嘹亮，雷區並非滌蕩得一乾二淨，但也應感受到，較之以往，中國當代文學的疆域寬濶得多了。」

第一天研討會由香港大學中文學院主任單周堯教授主持，評論諸位發言者是香港浸會大學中文系黃子平教授；下午主持者為詩人、前香港律政司總刑事檢控官古松先生。第二天主持者為香港大學中文學院、珠海書院中國文化史研究所所長何沛雄教授，評點者是香港大學饒宗頤學術館研究主任鄭煒明博士；下午主持者為香港大學中文學院鄧昭祺教授，評點者是《城市文藝》總編輯梅子先生。第三天上午由香港演藝學院人文科學系主任張秉權博士主持，評點者是香港中文大學中文係高級講師張詠梅博士；下午主持者是香港浸會大學文學院院長、詩人鍾玲教授，評點者

是香港大學中文學院楊玉峰教授。除了上述發言者，作專題演講的依次為：林曼叔先生、李育中教授、劉俊教授、王暉教授、葛紅兵教授、房福賢教授、孔見先生、葉永烈教授、容若先生、黃仲鳴博士、許翼心教授、何世强先生、董健教授、陳熙中教授、璧華先生、黃昌勇教授、陳國球教授、玉劍叢教授、孫德善博士、郜元寶教授等。

　　十二月一日下午研討會結束前十分鐘，照例是提問或質疑。聽講席上一位女大學生指出：本研討會回顧的多，展望的少，有失主題。主持者回應：展望是將來的事，未來難以預測，是展望份量少之故也。話題馬上引起爭論：廿一世紀中國文學的展望是悲觀還是樂觀？一位年長學者說，未來中國文學的前景是悲觀的。因為寫後沒人看，也沒有人買，何況作家不能昧着良心寫作。馬上有一位老評論家附和：是的，隨着電訊時代的快速發展，網絡的　伸，作家傳統寫作空間將會收窄，各種非文學的「小說」「詩歌」上網，傳統作品將逐步被排擠、取代。有人隨即補充說：三天研討會，那麼多大名鼎鼎文學家發言，卻沒有電臺、報刊來採訪報導；傳媒的冷落，是一大悲哀，故展望前景悲觀。總之，最後十分鐘，悲觀情緒瀰漫會塲。唯有某位深圳來的女作家不同意悲觀的論調，要力排眾議，說現在廿一世紀才過六年，還有九十四年，怎麼就下悲觀的結論？可惜時間已到，無法再爭鳴下去。

　　此一正反意見在研討會結束時爆發。悲觀乎？樂觀乎？你的意見呢？

原載《香港文學報》2006 年第六期，《海岸綫》
2007 年春期刊雜誌登載時內容次序有所調動。

「後現代」詩人李賀

今天,「後現代」詩歌理論和寫作,似乎成爲時髦,以爲模仿外國「後現代主義」(Postmodernism)波特萊爾、奧爾登、艾略特的創作方法,就成爲現代「寫手」的怪傑,可以在詩壇標奇立異,高人一等。但「後現代」的特徵是甚麼?誰是「後現代」詩歌創作的「始祖」?時髦「後現代」者卻一知半解或在瞎子摸象。

「後現代」的「靜默」「空隙」與
寄託、含蓄一脈相承

「中生代」臺灣詩人簡政珍在題爲《落實人間的意象美學》的論文中(見《當代詩壇》第 47、48 期),闡述了以「後現代」精神注入詩歌創作的特徵。他提出:「詩是意象的型態展現沈默」,「詩藝的高低需要現實題材的檢驗」和「意象與意象的流動性」。並指出,在後現代精神裏,意象的產生可能不在於「發明」,而在於「發現」。「發明」來自隱喻,「發現」來自轉喻;轉喻是兩者原不相干,但因爲接續或比鄰,因而造成比喻關係。這就揭示了「後現代」的比喻方法,較明喻、暗喻、借喻更高級(the highest ranking)。因爲「並置」，更展延詩學的厚度，也造成詩的「雙重視野」即一詩多義。概括起來，簡政珍的「後現代」詩論是：一、詩以沈默道盡世事的眾聲喧嘩；二、詩以意象思維，而意象本身是沈默的，因此，任何詩人對人生的感悟都不宜用文字「說」出來；三、詩本身存在於空隙與沈默，想象存在於空隙，空隙就是沈默（見陳忠義《詩說與詩學互爲辯證——簡政珍詩歌論》）。這　僅與將「後現代」標卷化、遊戲化、虛無化劃清界限，而且與「強調自我」，不用理會讀者懂與不懂，否定傳統，強調「潛意識夢幻」以及顛倒藝術與非藝術是非的主觀唯心主義、形而上學的洋理論切割開來。要言之，簡氏「後現代」詩學強調「靜默」、「空隙」，就是不要把主旨和話說完，要留下給讀者以思考。「空隙」就是想象的空間，從而將「後現代」中國化，並傳承和發展了中國傳統詩詞的「含蓄」，「言有盡而意無窮」的詩學。請看我們前輩的論述：

　　——詩主言情，文主言道；詩一言道，則落腐爛。（清·黃錫璜《漢詩總說》）

　　——興者，因物感觸於此而意在於彼，玩味乃可識，非若賦之直言也。（宋·羅大經《鶴林玉露》卷十《論興》）

　　——爲詩宜精搜，不得語剩而智窮，須令語盡而意遠（唐·白居易《文苑詩格》）。

　　——有餘意謂之韻。定觀曰：「餘得之矣！嘗聞之撞鐘，大聲已去，餘音複來，悠揚宛轉，聲外之音，其是之矣。」（宋·範溫《潛溪詩眼》）

——語忌直，意忌淺，胸忌露，味忌短，音韻忌散。（宋·嚴羽《滄浪詩話》）

——詩不患無情，而患情之肆；詩不患無言，而患言之盡。（明·陸時雍《詩鏡總論》）

引以上各條可見，與簡政珍的論述一樣，詩不要說教，要含情；但情不宜說盡，要語盡而意遠。為達此目的，須言在此而意在彼；要含蓄而忌露骨，恰如撞鐘，大聲已去，餘音嫋嫋，這就是「空隙」，也叫韻味。後現代派不主張詩為中心思想規範，可以一詩多義；主張詩讓讀者去揣摸、聯想，因而明喻、暗喻、借喻已經落後，而要疊喻、轉喻，即「意象與意象的流動性」。這無疑是要去「發現」新意象，企圖將意象推向更高水準。

意象流動（轉喻）李賀早已入詩

先引大家耳熟能詳的「雞聲茅店月，人迹板橋霜」（溫庭筠《商山早行》）二句。詩人要表達早行羈旅之苦，用雞聲、茅店、月、人迹、板橋和霜六個意象「疊加」：月，喻天末光；雞聲，喻黎明將至；茅店，喻荒野和窮困，三者流動參透而讓人猜他夜不能眠、及早動身，聯想為功名或生計奔波。下聯霜，可知寒冷，轉喻為淒涼和慘澹；人迹，可知出發之孤單和蕭索。這一切，詩人留下的空隙很多，是疊喻和轉喻的佳例，且留下一幅孤清早行圖，為今人所難及。

李賀詩「大漠沙如雪，燕山月似鈎。何當金絡腦，快走踏清秋。」（《馬詩》其五）沙如雪，用明喻，卻非比喻目的，而是暗

喻天冷，轉喻蕭殺戰場；月似鈎是明喻，卻暗喻彎刀兵器，轉喻殺敵立功；金絡腦借喻戰馬，踏清秋借喻賓士，暗示盼能受重用奔赴戰場。誰作此想？毋須言明而意中含遠也。

　　李賀寫鬼詩多達十餘首，故被視爲「鬼才」、「鬼仙」，但表達甚麼思想感情，至今仍莫衷一是。這就是「後現代」的「意象不爲目的服務」和意象多義。李賀寫鬼而見不到鬼出現。如《蘇小小墓》：「幽蘭露｜如啼眼｜無物結同心｜煙花不堪剪‖草如茵｜松如蓋｜風爲裳｜水如佩｜油壁車，夕相待‖冷翠燭｜勞光彩｜西陵下｜風吹雨。」通篇不要說鬼，連墓也未觸及，更不要說在寫蘇小小的鬼魂了。但幽蘭，是冷豔之美，陰森之美；露如啼哭之眼，擬人修辭，似誰的淚眼呢？你去猜吧！無物結同心，孤單之極，煙花不堪剪，可憐而幽微；風爲裳，水爲佩，既是墓地的境況，也是人的衣著如風飄忽，環佩叮噹，鬼的形象已呼之欲出。再加磷火閃爍（冷翠燭，勞光彩），迎來了油壁車，載去哪里呢？在風吹雨中，去西陵下尋覓吧！於是，鬼魂若隱若現通過許多看來「離譜」的意象顯現了。如此撲朔迷離，是作者憐愛死去的蘇小小呢，還是另有隱衷呢，這就是「空隙」和「沈默」了。

　　現在講「後現代」「發現」的轉喻，舉李賀看似「不合理」的曲喻逐一評說：

　　「銀浦流雲學水聲。」（《天上謠》）——流雲怎能有聲呢？雲流動如水，所謂行雲流水，不亦可聞聲乎？這就是轉喻，雲水兩個意象滲透。

「羲和敲日玻璃聲。」（《秦王飲酒》）──羲和，傳說爲驅日之神。玻璃映日，光閃閃，將陽光反射出來；羲和用鞭子驅日，日與玻璃一樣，滾動發出清脆聲音。這又是轉喻，虧李賀「發現」得到！

「玉輪軋露濕團光。」（《夢天》）──玉輪，借喻月亮；軋露，喻月亮從草地輾過；月亮能落地滾動嗎？非也。月光照在濕漉漉草地上反射光芒，故玉輪也濕成一團了。匪夷所思的事物，這樣轉喻，頓生奇特而前無古人，後無來者。所以，錢鍾書說：「古人病長吉比喻無理，是知有木義而未識鋸義耳。」（引自《談藝錄》李長吉詩十）木義，即本義；鋸義，即歧義，謂一詞多義也。

最後，引「後現代」詩人簡政珍的詩《跰躞》：「跰躞在斷牆碎瓦中｜整頓心事｜積水中有一隻螃蟹｜想爬上支架｜嘗試橫行的滋味。」陳忠義教授說：「『莫名其妙』地橫出一隻螃蟹，怪異的關係有甚麼用意呢？是縱深時間通過跰躞搖蕩變化，巧妙地埋伏著人生不同階段的並置關係，帶著轉喻的意圖。」（見《當代詩壇》47、48 期 P205）是乎？與李賀比，孰優孰劣？孰高孰低？誰更好解？你去判斷吧。

「之前，你打翻了墨水｜在這塊地圖上｜塗鴉一個海市蜃樓‖ 之後，我們每個月｜定期聆聽一個穿戴紙尿布的政客｜在記者會上宣讀小學生作文」（簡政珍《給李遠哲先生》）。打翻墨水，是否李先生不做科研而幹政了？海市蜃樓是否李先生支援「台獨」？紙尿布的政客不亦幼稚可笑？小學生作文不亦是智商很低

的老學究所爲嗎？我以爲此詩轉喻妙甚！

結　語

　　「後現代」的轉喻或一詩多義，讓很多人錯當「文字遊戲」寫出猜謎式的「詩」。這說明「發現」意象不易爲，勉強爲之也容易畫虎不成反類狗。「後現代」是詩的創作方法之一，但是唯一的方法。我們千萬別東施效顰或邯鄲學步，背離自己的中華文化優秀傳統，使詩歌創作走入虛無化和死胡同。模彷洋人，不如學唐「後現代」詩人李賀。

　　簡政珍概括兩岸八、九十年代的詩學發展，大陸是 A（代表現實或朦朧詩）──C（代表語言實驗或文字遊戲）──B（代表平民詩或本土詩）──D（代表現實與想象結合的美學）；而臺灣則是 A─B─C─D。筆者基本同意這一發展階段的劃分。可惜踏入千禧年代，大陸的詩歌現狀是 AC 對撞，C 將取代 D（文字遊戲代替真正美學）。不信請看那些口水詩、下半身詩、垃圾派、低詩歌，將詩壇當作痰盂，隨意亂吐；將神聖藝術殿堂當妓院，帶入骯髒　堪入目的語彙。「詩是這般低賤，那般瘋狂」（見《上海詩人》貳 P71－78）。若再錯誤以爲「後現代」就是「詩遊戲」，不必讓人懂，加入瘋狂的行列，詩壇就更黃再添黑，雪上加霜了。

　　「後現代」是西方詩的一種表現手法，含蓄是中國詩歌的傳統表現手法，趁今次第十四屆（香港）國際詩人筆會要交論

文談「中西詩歌的揚棄與吸收、繼承與創新」，便以此文加以探討就教於詩友們吧！

（刊 2012 年 4 月《華夏詩報》）

詩界堪憂

　　去年國內詩歌界發生許多怪現象，其中比較轟動、突出引起不滿和批評的是：雲南「口水詩人」于堅獲得第四屆魯迅文學詩歌獎。于堅獲獎的依據是他的詩集《只有大海蒼茫如幕》。評委主任說：「于堅寫了很多詩，有的并不使人喜歡，但他這次參評的是個『潔本』。」但是，讀者翻閱這本詩集，卻發現這是個「髒本」而非「潔本」。舉例其一、《狼狗》：「我們像三隻純種的狼狗 | 站在黃金的歲月下撒尿 | 窗台下是花園 | 泉水突然出現在我們身體裡 | 立即就結束了　我們抖了抖 | 彼此看着它像狼狗的耳朵那樣豎起來 | 豎了一陣　又垂下去 | 像是聽到了黑夜的甚麼動靜 | 我們不知道該幹甚麼 | 我們不是野獸　除了撒尿 | 我們不知道在這樣迷人的春天之夜 | 還可以幹甚麼」。此詩除了散發口水，毫無詩味，剩下的就是髒。其二、《性慾》：因太髒太長，只好摘錄數句：「有一次　我和一些孩子旁觀批鬥會 | 當教語文的女教師被紅衛兵 | 揪住頭髮　往下按　兩隻真正的乳房 | 從神聖的語文課裡掉出來了 | 我那暗藏在胯間的小獸 | 忽然拼命地朝她豎起角

來......」。其三、《黃與白》寫的是手淫，不必舉了，這是「潔本」嗎？

　　更離譜的是，去年 10 月 8 日，在全國作協魯迅文學獎評審期間，有人曾向全國作協書面反映：「網上隨處可見于堅罵魯迅的話：『烏煙瘴氣鳥導師，誤人子弟啊！』」經調查，這辱罵魯迅的話是出於于堅對 1998 年《北京文學》的「你是否以魯迅作為自己寫作的楷模」問卷調查的書面回答。寫髒詩、黃詩可奉為「潔本」；辱罵魯迅可獲魯迅文學獎，這豈非國內文壇的咄咄怪事？據揭露：評獎有封紅包，拉裙帶，欺上瞞下之嫌。廣州《華夏詩報》編者按：先有假虎照，後有毒奶粉，今有假詩人，這就是國內層出不窮的怪現象。筆者曾於去年 11 月 25 日晚向來出席香港作家聯會的中國作協代表團領導反映此事，他們說回去「研究研究」，但後事如何，也可能不了了之。

　　改革開放三十年來，中國文壇出現了萬紫千紅、百花齊放、春色滿園的可喜現象。正如深圳大學南翔教授在《大陸晚近二十年文學的收獲與缺失》所指：「從企業轉型到大學教育，從歷史變遷到歷次運動，從里巷艱窘到豪門炫富，從柔情溫婉到人性乖張......，中國文學從沒有呈現這麼寬闊的出口，從沒有表達這麼恣肆的流瀉，從沒有上演這麼率性的騰轉。」於是，外界的洋理論也隨國門開放泥沙俱下地湧入。最被囫圇吞棗吸納的是「後現代主義」（Postmodernism）、「後結構主義」（Poststructuralism），此理論提倡寫沒有主題、不理別人讀懂與否、否認傳統的詩歌、小說，於是，詩領域怪誕現象出現了江湖派、揚子鱷、第三極、低詩歌、界限、不解、非詩、新詩代、卡丘主義、病態主義等數十

家詩派。概括起來是「下半身」、「垃圾派」、「低詩歌」；共同特點是：嗜穢、縱慾、發癲、惡搞、闖禁、解構、放浪、向下、非靈、反常……一言以蔽之：叫這般低賤，那般癲狂。

春風萬里

評《微笑的太陽》

　　喜讀蔡麗雙博士《微笑的太陽》一書，感慨良多。其一，這一篇篇的小故事，像微笑的太陽暖着每一個幼兒、少年、青年和師長、父母們的心；其二，這一幅幅如詩如畫的映像折射着青少年色彩班斕的生活；其三，這一曲曲短笛似的歌兒飄出的音符是如此輕靈動聽永繞心間；其四，這一幕幕精彩的剪影是高明的影師捕捉得快拍攝得妙反復欣賞尋味無窮。總之，在蔡麗雙筆下，愛的伊甸構築了，北方的燕子南來了，信心的小鳥高飛了，美好的夢兒實現了，紫荊的花朵綻放了，生活的窗口都充滿陽光了……。

　　這一切是需要細心的觀察和體驗。一個作家的高明處應如亞里士多德所言，「藝術的目的不是要去表現事物的外貌，而是要去表現事物的內在意義。所以藝術家要表現的不是他所看到的，而是他所洞察到的」。蔡麗雙由於她的愛心和對文化教育事業的執着，接觸的幼兒和青少年很多很近；而更親身體驗到的是她一對兒女的成長。她撫育、她護呵、她教導、她追求。兒女如雛鳥

直至今天或壯實如鐵塔或婷婷如風荷，全過程經歷了體驗了教育孩童的辛勞和幸福，洞察了他（她）們的內心世界，此種「特殊性」的投入和專心致志，使其作品《微笑的太陽》第一部份「幼兒」和第二部份「少年」的小故事就更帶普遍性，因而凡作為人父母的家長讀來感同身受倍感親切；而孩童愛讀愛聽這故事好像是說自己會愛不釋手。

這一切還需要投身生活和廣泛地閱讀。我們感歎有「四不如」蔡麗雙：一不如她接觸了解青少年生活面的廣闊和熟悉，她寫的幼兒部份如《和解》、《友情》、《第一課》以及少年部份的《生命進行曲》、《天國碼頭》等，除了生活體驗還要閱讀，不然，會寫到韓國、日本去嗎？二不如她寫作的勤奮。在不長的時間裡，律詩、新詩、歌詞、楹聯、散文、散文詩，現在又寫兒童故事等數十部，沒有對格律詩詞的常識能經得起檢驗麼？沒有對童話特點的掌握能如此取材恰切娓娓道來麼？三不如她每分每秒地利用時間，除了著述，還要練習書法，舞劍強身，接待名家、出席盛宴……四不如她的愛心廣施恩雨助人為樂。正如她在《天公財富》中所塑造的麗麗阿姨：「一年四季都忙着，她永遠不擔心自己的錢財。因為她知道：善良的人上天會永遠眷顧。其實上天的眷顧，正是麗麗阿姨用自己的手勤勞創造出來的。」

現在該談《微笑的太陽》藝術特色了。

最大的特色是純真。李贄在《童心說》寫道：「夫童心者，絕假純真，最初一念之本心也。」蔡麗雙這本兒童小故事的純真在於寫兒童身邊的事，有互讓、有互愛；也吵架、鬧別扭，但無

論褒貶都不失母親、師長的理解和關愛。對兒童作家來說，愛就是真。故冰心說：「我若不是在童心來復的一剎那拿起筆來，我決不敢以成人煩雜之心來寫」（見冰心《寄小讀者》）。我揣摸麗雙寫作時的心情真如陸游《園中作》詩所描述：「花前自笑童心在，更伴群兒竹馬嬉」了。

另一特色是永葆青春。「青年」部份寫的是中學十五六歲青少年。除了對他們的思想、愛恨、情仇了然於胸、流然於筆，就是一個「青」字。他們似青青河畔草，綠綠連天碧；他們如青竹，節節競拔高，批雲抹月都自豪；他們如青空萬里任鳥飛，拿霧握雲攏風雷。還有他們能青出於藍而勝於藍，追求知識如飢似渴。青年們在麗雙筆下，青苗茁壯，青枝綠葉，青梅竹馬叫人羨慕。老年人讀了，也如鄭板橋所言：「莫以青年笑老年，老年豪宕勝從前」了。

最後說說《微笑的太陽》語言特色。孩童的語氣，少年的滋味，青春的憧憬洋溢滿紙。尤其是那些疊字，如《好朋友》中家樂的小貓兒：摸摸貓、梳梳毛、咪咪叫、搔搔癢、搖搖尾、蹦蹦跳，真是神形兼備，不勝枚舉。

我讀《微笑的太陽》也已返老還童，有詩為證：

誰言落日籠陰雲，一讀身心已返春。洗盡鉛華清世俗，太陽微笑暖凡塵。

太陽在微笑，青風萬里春。麗雙這書是春風，綠了樹苗，紅了

花朵，壯了棟材。合上書，聽，孩子們的笑聲如嘩啦啦的溪水流響了，我的眼睛也如星星閃爍了，而蔡麗雙是挂在深藍天空的月亮。

寶島詩人

寶島台灣詩人余光中、洛夫、鄭愁予是著名詩人。他們離中國大陸越久、越遠，思念故鄉之情就越濃越深；而對家國眷戀之詩章，是這樣地如絲如線、如泣如訴；其真摯、其哀婉、其深沉，讓人一詠三嘆，是如此地久久繞樑，難以忘懷！

家國情結難解

「中國結」本是我國民間流行、喜愛的以紅線編織藝術品，始於唐宋，懸於廳堂窗前，「如意結」代表如意吉祥，「愛魚結」象徵年年有餘。就是這個「中國結」，詩人余光中給它賦與新的形象意函—藏在心中、梗在喉頭的中國情結：「說不出甚麼東西／梗在喉頭心頭／這結啊，已經夠緊的了／我要的只是放鬆／卻不知怎樣下手／線太多、太亂了／該怎麼去找線頭……」（《中國結》）。這種眷戀中國的情意結，真是剪不斷，理還亂啊，叫詩人如何能解開、能釋懷！在另一首《中國結》還描述生了割、割又再生地難以割捨，表達對故國之思的纏繞、強烈！

為何會對中國愛得如此深沉？源於對祖國和母親以及山河

的深切思念。詩人鄭愁予是這樣形容故鄉的美好的：「泥土軟得像糕，誘你、等着你／草地像菜盤子／小溪像酒、像乳……」（《晨曲》）。而洛夫更直接：「媽媽那幀含淚的照片／擰了三十多年／仍是濕的」（《家書》）。余光中對故國之思更魂牽夢繞：「月光在海上鋪一條金路，／渡我的夢回到大陸。／澹澹的月光下，／仿佛，我瞥見臉色更澹的老母。／我發狂地跑上去，／啊，何處是老母？／荒煙叢裡有新墳無數」（《舟子悲歌》）！詩人們日思夜想，盼海峽鋪一條金路，可將區隔的海岸連接起來，去吻肥美的土地，去擰乾數十年相思之淚，去祭奠荒煙中的母親，去與故鄉的親人團聚，去與中華民族融和，純樸、真摯、感人，台灣當局讀一讀詩人們的詩篇，能不深思、感動而提「不統、不獨、不武」？真是太離譜了！

中國情永不變

上述三名詩人都已分別移居美國、澳洲多年，但國家愛，民族情卻因離家國越遠而彌堅。

其一，愛中國是「我」之本性。余光中在美國用《我之固體》詩向世人宣告：「我仍是一塊拒絕溶化的冰／──常保持零度的冷／和固體的堅度／中國的太陽距我太遠／我結晶了透明且硬／無法自動還原」。難以溶入他國，是詩人的中國 DNA 決定了他不能注入他國血液；而一旦靠近中國太陽，我便「溶」了，多麼立場堅定的「我是中國人」之表白。

其二，民族情是凝聚「膠合劑」。鄭愁予在《春之組曲》呼

喊：「當成年來到無依無國土的時候／當無論抓到甚麼都像抓不到手／而／無論怎麼靠都仍是一群浮萍的時侯……」，不言而諭，無根的浮萍和游子抓甚麼都是空的隨風漂散，認祖歸宗便是唯一的凝聚歸宿，這就是結論。

　　于右任作為老一輩詩人在《望鄉詞》中一詠三嘆，余光中等作為現代詩人以詩託情，彭明敏為我的中國心引吭高歌，都表現寶島詩人歌者家國情懷總是詩！

2010 年 10 月 3 日於海翠

哲理之歌

高賢兄：

　　閱讀和收聽由您寫詞、荊小楊譜曲、熊立紅演唱的《瀟灑人生》歌曲，是一次精神的陶冶和人生的深刻概括和總結。是的，不管是風是雨，順流逆流，您都經歷過。流月的濤聲是如此的雄壯，揚波軒的隨筆流瀉出汩汩的生活泉音，一代人是如此的多姿多彩和回回瀟灑。這就是詩，這就是歌。她歌向海洋，波瀾壯闊；她歌向大地，大地回春；她歌向森林，百鳥起舞；她歌向了我，我擊節共鳴。這是一首慷慨進行曲，一首動聽的協奏曲，一首百味不厭的奏鳴曲！

　　曲調是高昂的，旋律是動人的，音符是悠揚的，節拍是和諧的，速度是明快的。加上熊立紅小姐那明亮、高亢、極有穿透力的音色，把《瀟灑人生》演繹得那樣響遏行雲，升騰不息，瀟灑風流，繞樑三日。好啊，我情不自禁地拉起手風琴了，彈起鏗鏘的鋼琴了，魂，也飛到揚波軒高賢兄身邊了！

　　高賢兄的硬筆書法，緊湊處密不透風，疏朗處可以跑馬；淋漓處香墨酣暢，瘦澀處如萬歲枯藤；誇張處如天女散花，謹慎處肅穆莊嚴。噫嚱！行書草書之要領神韻，皆掌握而運用自如矣！

　　弟因每天早上忙於為報紙寫稿以翌日付梓，未能對高賢兄每天 E 來之人生哲理、親切教誨、健康提示、深長祝福、精彩書畫、動聽音樂一一回復謝忱。今特奉函致以無限感激。

耑此僅啓。順致

敬意

弟熾華 6 月 9 日頓首

中　國　Leading Dragon

　　時尚中國式英語（Chinglish）已風靡西方傳媒，其中帶有代表性的中式英文如 Gelivable（給力）、Leading Dragon（領頭龍）、

Peking Pound（北京鎊）、Chinsumer（購物狂）以及 Antizen（蟻族）、guangun（光棍）、fenqing（憤青）、Chinawood（中國塢）等等，都在一定程度上反映今時今日中國在世界上的地位，也描述內部困擾中國亟需解決的問題。中式英語在歐美傳媒流行，表明昔日被「老外」嘲笑的封閉、落後語彙，正成為西方報刊的時麾流行語，而且豐富了英文語彙。據美國「全球語言監測機構」（GLM）報告顯示：自 1994 年以來，國際英文增加新詞彙中，「中式英文」貢獻了 5%－20%。

反映中國地位顯赫

其實，率先創造中式英文者應是美國。哈佛大學著名經濟學家尼爾・弗格森提出一個新名詞 Chimerica（中美國），就是把中國 China 和美國 America 合併縮寫，指「中美國」的概念是：一個最大的儲蓄國中國和一個最大的消費國美國構成「利益共同體」，把「中美國」比作「中美聯婚」說：「美國和中國之間的婚姻就像我和我的老婆；好比一個家庭男人掙錢女人花錢，男人是中國，女人是美國」。「Chimerica」一詞如實地描述了今日的中美關係是：我離不開你、你離不開我。美國自翔「一哥」若無中國，就已氣息奄奄，說明今日中國在美國人心目中地位的顯赫。至於我掙錢你花錢，那恐怕是美國的一廂情願和自作多情。

Leading Dragon（領頭龍）是 2011 年 11 月 24 日英國廣播公司（BBC）使用的詞彙。在一篇題為《中國，世界經濟領頭龍》

評論中用來描述今天中國經濟在全球的地位，認為「無論我們是否將迎來『亞洲世紀』，但有一件事很明顯：全球經濟的地理中心已顯著轉移。如今中國處於前沿和中心位置，而其發揮的領頭龍作用也有益於世界經濟發展前景」。這也如實地表述了作為全球第二大經濟體的中國，是世界經濟的大引擎、原動力。只要中國能正常運作，保持平穩較快的經濟增長，世界也「衰」不到哪裡去了。

必須指出：Chimerica 和 Leading Dragon 不是中國人的創造，是美、英老牌「先進」國家自動自覺加給中國的「冠冕」。

中國給力因問題不少

Gelivable（給力）則是中國人的「給力」geli 加上英語詞尾 vable 的創造，使它成為 2010 年風靡互聯網的最流行、引用最多用語，它比「加油」、「鼓足幹勁」更能表現中華民族的奮發圖強、自強不息的意志和高昂鬥志，從而使跨入 2010 年拉開了新的帷幕鼓勵中華兒女繼續拼搏！

Peking Pound 反映的卻是中國人所花的英鎊，被《每日郵報》稱中國人所消費在 Burberry、LV、Gucci 等名牌奢侈品所花驚人金錢；而 Chinsumer 則是出國旅遊揮金如土的中國購物狂。但是 Antizen（蟻族）、guanggun（光棍）和 fenqing（憤青）等詞卻折射出中國社會底層的貧困、無奈和憤怒。至於 Chinawood（中國塢），則是譏諷中國電影業投入大量資金，卻未能達到好萊塢的知名度。

　　因此，Leading Dragon 和 Chimerica 的光環不可自我陶醉和沾沾自喜，中國應清醒看到存在的問題不少，才不會被人吹大「中國汽球」製造的「中國規模論」和「中國責任論」所迷惑；也能在「中國威脅論」中百倍保持警覺，時刻保持清醒頭腦。總之，中國是 leading Dragon，但還須 Gelivable，一刻也不能鬆懈！

刊 2012/2/2《香港商報》評論版

多瑙河明珠

——《情繫多瑙河》序

　　百達兄喜歡旅行，不僅中國絕大部份省市留有他的足跡，環球的許多角落也有他的腳印。最近，他又到了東歐，沿多瑙河兩岸徜徉，遊了芬蘭、波蘭、德國、捷克、奧地利和匈牙利。他出遊，不僅僅是「遊山玩水」，他是用他那敏銳的目光和深邃、綿密之情思去審視、去思考世界各地的人文歷史風貌的變遷和進步。因此，他的旅遊紀行有自己的獨特風格。這本《情繫多瑙河》便是他的另一本代表作，是「遙襟俯暢，逸興遄飛」之思和「氣凌彭澤之樽，光照臨川之筆」了。

　　第一章從「直飛芬蘭」開始，就有此種遙襟俯暢情懷。飛機上，人在空中，指向赫爾辛基，但心想着的，是我釣魚諸島。就

是說，不管飛向何方，人在何處，心繫的是祖國的領海疆土的完整，是無論多遠、何時，中國，在心中都一樣親！即便是人在德國，說起當年納粹的罪惡但今日能深切反省，想到日本當年侵華犯下的滔天罪行而今天仍在做着軍國主義的舊夢，就更激發捍衛中國領土主權完整的決心。百達兄到了匈牙利，考究了匈牙利的民族應是匈奴的前身，由此想起秦漢和匈奴的恩怨情仇，原就是中華民族的朋友和鄰居……總之，人可以到處飛到處去，軌跡的中心點仍是中國。其赤誠、其肝膽，是如此可昭日月，一個愛國者的形象就屹立在你面前。此書名謂「情繫多瑙河」，不如名為情繫大中華了。

　　讀《情繫多瑙河》，猶如帶你去尋找東歐諸國的生存發展史：波蘭多難，但未能興邦；布拉格復古，但未能創新；布達佩斯古堡的彈痕，至今天仍不能癒合。為甚麼？這使我想起南朝陳後主（叔寶）作《玉樹後庭花》歌詞，亡國之音，千載垂教。而由奧地利的約翰・施特勞斯 1867 年作的經典《藍色的多瑙河 OP・314》圓舞曲，至今年復年在鬆弛包括匈牙利東歐諸國的意志，麻醉着他們的神經，恰如名作家王蒙所言：「他們緣風光而定居，為藝術而立國，撫歷史而流連，瞻宮殿而迷癡，美了還要美，舒服了還要舒服，歌舞幾時休，猶唱後庭花」（引自王蒙《藍色多瑙河》）。這說明一個真理：國家要獨立，民族要復興，不能在輕歌曼舞中過日，更不能依賴外人。曾經依附蘇聯的華沙條約諸國，今天又依附歐盟和北約，至今如何？還不是囊如洗、頭難台、兩手空、一肚氣？作者以其所見，揭示了自力更生，奮發圖強，「發展才

是硬道理」的名言顛撲不破。

作者所到之處，尋根問蒂，找「源頭湧動」。匈牙利不僅僅是東歐的一個國家，追溯上去，「秦時明月漢時關，萬裏長征人未還」，引我們想起「胡馬」，記起「陰山」，一幅二千多年前秦、漢與匈奴的恩怨史便展示在我們面前。書中說到成吉思汗對歐亞的征戰，歐洲與中國千絲萬縷關係，那麼，東歐對中國今天的崛起之興奮與擔憂，也就不足為怪了。

《情繫多瑙河》令你獲益良多。歷史、文化、風俗、遺蹟、音樂、語言娓娓道來。是的，多瑙河是一條銀鍊，維也納、布達佩斯等是一顆顆明珠，作者巧手將她串連起來，成為一串閃亮的珍品；當耳邊響起《藍色的多瑙河》輕快旋律，我們就不能不對這本書愛不釋手了。

婉約好詩

刊 2013/2/21《大公報》「大公園」

董秀生小姐參加第 21 屆全港詩詞創作（律詩）比賽，榮獲公開組冠軍。寫律詩，按魯迅所言，「好詩已被唐人做完」，況今天之年青人乎？如今讀了，大跌眼鏡，向文友推介：董秀生之詩，無一字不工，含蓄婉約，是首好詩！全詩如下：

移　居

> 寒銷天水碧，卜宅且南移。
> 低樹流芳暗，高窗碎影遲。
> 鄰聲侵曉夢，紗幔漾春曦。
> 偶得清心客，茶香夜雨時。

　　《移居》才 40 字，寫出了景，包函了情；而景中有聲有影，情又附託其中，是情景交融也。首聯「寒銷天水碧，卜宅且南移」，先言移居之時令、方位：在一個碧水藍天的寒冬銷去的日子，家居南遷了。南，當是好風如水，清景無限，如是領起，頷聯便水到渠成。「低樹流芳暗，高窗碎影遲」，寫出了周遭的美景：看呀，綠樹成蔭，正暗香流動；樹梢搖曳的柔條，在晚間月色映照下，碎影入窗，多麼動人。「流芳」二字，惹人嚮往，直想尋芳而至，一訪佳人；「碎影」形象，活用宋・張先之「月破雲來花弄影」之清婉、工巧也。頸聯寫聲、寫風：是春眠不覺曉，處處聞啼鳥，且鄰聲侵夢。一個「侵」字，怨也、怪也，任你猜度；一句「紗幔漾春曦」之「漾」字，把春光春風的輕柔寫活，比易安的「玉枕紗廚，半夜涼初透」句更加香暖有生氣。尾聯寫遇「清心客」雨夜品茗的安恬、喜悅作結，全詩已完整恰如漾漾春風，一個安靜、婉約的少女也婷婷玉立在你面前。

　　此詩並無寫人，但人從詩現；沒有寫情，但情從景見，此中國古詩「情景交融」之至善。聖俞曰：「詩家雖率意，而造語亦

難。若意新語工，得前人所未道者，斯為善也。必能狀難寫之景，如在目前；含不盡之意，見於言外，然後為至矣」（引之《歷代詩詞話選》）。《移居》詩不用道情而情在其中；而由屋外寫到屋內，只用10字就狀難寫之景如在目前，真的是好詩至矣。

　　《移居》之含蓄委婉也堪可稱道。含蓄也者，語盡意未窮也。夫緣情蓄意，詩之要旨。高不言高，苦不言苦，樂不言樂，盡在不言之中。此詩並無寫個人感受，而恬適、自得、安然都在字句之中；特別是尾聯，若偶得「清心客」，夜雨綿綿中談心品茗，信可樂也。委婉、言情，讀者去體味吧。故宋·範溫在《潛溪詩眼》中謂：「余得之矣。蓋嘗聞鍾，大聲已去，餘音復來，悠揚宛轉，聲外之音，其是之謂矣」。有餘意之謂韻，董秀生之詩得之矣。

　　與董小姐品茗雖多次〈他現任《香港商報》評論版編輯主任〉，但每次她總是言語不多，彬彬有禮，已見委婉含蓄。今次《移居》詩之特色，真文如其人。今次來詩逾九百多首，且評審員經糊名初選、複選、反復討論才能決定名次。董秀生對古典詩詞如是浸潤、掌握得好，並一鳴驚人在眾多老頭、教授、高手中奪魁，誠令人欽佩驚喜！

神交柏楊

刊世界華文文學 2008 八月號《文綜》

我與柏楊先生，從 1995 年至他今年四月逝世，已經神交十多年了。

1994 年 4 月，我開始閱讀《資治通鑑》。該書由上海古籍出版社出版，凡二百九十四卷，宋・司馬光撰，元・胡三省音註。全書上起周威烈王二十三年（西元前 403 年），下迄後周世宗顯德六年（西元 959 年），以年為經，繫事為緯，詳細記載了戰國至五代一千三百多年的歷史，是我國第一部編年體通史。

由於卷帙浩繁，且又不分段落；胡三省的音註，一貫到底，並無句讀，閱讀碰到很多困難，進展緩慢。幸好，我工作的地方，有土瓜灣公共圖書館，館裡有柏楊先生翻譯的柏楊版《資治通鑑》可以查對、比較、釋難。

首先是，柏楊版的目錄，提綱挈領，一目了然。他將如此浩繁的二百九十四卷分為三十六冊，每冊也以年為經，事為緯進行